중국어 발음

KB088322

☆ **중국어 기본 상식**

☆ **성조**

☆ **운모**

☆ **성모**

☆ **결합운모**

☆ **성조 변화**

☆ **성조 표기 규칙**

01 중국어 기본 상식

보통화

중국은 한족과 55개의 소수민족으로 이루어진 다민족 국가예요. 중국어는 중국 인구 중 가장 높은 비율을 차지하는 한족이 사용하는 언어라고 해서 '한어(汉语 Hànyǔ)'라고 불러요. 베이징음을 표준으로 하고, 북방 지역 방언을 기초 방언으로 한 표준 중국어를 '보통화(普通话 pǔtōnghuà)'라고 해요.

간체자

중국의 한자는 우리가 평소에 사용하는 한자와는 조금 다른 모양을 가지고 있죠? 중국 정부에서 번체자(繁体字 fántǐzì)가 획순이 많고 익히기 어려워 문맹률이 높다는 점을 고려하여 1956년에 번체자를 간소화시킨 간체자(简体字 jiǎntǐzì)를 만들었어요.

한어병음

중국어는 한글과 달리 글자만 보고는 어떻게 읽는지 알 수 없어요. 그래서 누구나 쉽게 읽을 수 있게 중국어 발음을 알파벳으로 표기하는데 이를 한어병음(汉语拼音 Hànyǔ Pīnyīn)이라고 해요. 한어병음은 음의 높낮이를 나타내는 성조(声调 shēngdiào), 우리말의 모음 역할을 하는 운모(韵母 yùnmǔ), 자음 역할을 하는 성모(声母 shēngmǔ)로 이루어져 있어요.

02 성조

☆ 성조란?

성조는 소리의 높낮이를 말해요. 중국어에는 4개의 성조와 경성(轻声 qīngshēng)이 있고 성조 부호는 운모 위에 표기해요.

1성·2성·3성·4성

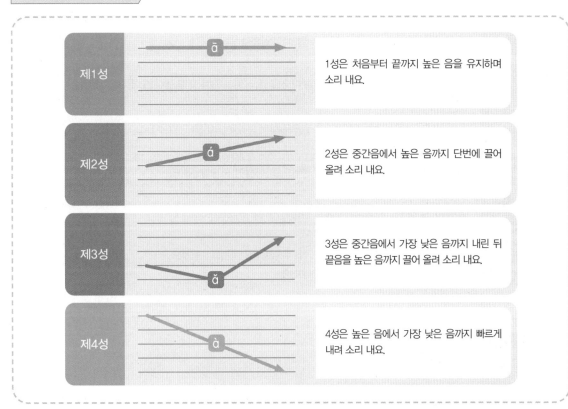

제1성 — 1성은 처음부터 끝까지 높은 음을 유지하며 소리 내요.

제2성 — 2성은 중간음에서 높은 음까지 단번에 끌어 올려 소리 내요.

제3성 — 3성은 중간음에서 가장 낮은 음까지 내린 뒤 끝음을 높은 음까지 끌어 올려 소리 내요.

제4성 — 4성은 높은 음에서 가장 낮은 음까지 빠르게 내려 소리 내요.

경성

경성은 성조 부호 없이 가볍게 발음하는데, 앞 음절의 성조에 따라 음높이가 달라져요.

1성 + 경성 — māma

2성 + 경성 — yéye

3성 + 경성 — nǎinai

4성 + 경성 — bàba

☆ **운모란?**
우리말의 모음에 해당하는 '운모'는 단운모, 복운모, 비운모, 결합운모, 권설운모로 나뉘며 총 36개의 운모가 있어요.

단운모 하나의 모음으로 이루어진 운모는 한국어보다 강하고 정확하게 발음해요.

a	우리말 '아'와 유사한 소리로 입을 크게 벌려 [아—]하고 발음해요.
o	우리말 '오'와 유사한 소리로 '오' 입 모양보다 입을 좀 더 벌리고 혀뿌리를 높여 [오어]하고 발음해요.
e	우리말 '으어'와 유사한 소리로 입술을 옆으로 살짝 벌리고 [으어]하고 발음해요.
i	우리말 '이'와 유사한 소리로 입꼬리를 양옆으로 늘려 [이]하고 발음해요.
u	우리말의 '우'와 유사한 소리로 입술을 더 동그랗게 오므려 [우]하고 발음해요.
ü	우리말 '위'와 유사한 소리로 '우' 입 모양을 유지한 채 [위]하고 발음해요. ＊운모 u보다 입술을 양옆으로 조금 더 벌려 발음함.

단운모 발음을 연습해 보아요!

ā	á	ǎ	à
ō	ó	ǒ	ò
ē	é	ě	è
ī	í	ǐ	ì
ū	ú	ǔ	ù
ǖ	ǘ	ǚ	ǜ

성모

☆ 성모란?
중국어의 성모는 우리말의 자음에 해당하고 총 21개가 있어요. 운모와 달리 단독으로 발음할 수 없고 운모와 함께 결합해 소리 내요.

입술소리 ▷ 운모 o와 결합하여 발음해요.

bo*	윗입술과 아랫입술을 붙였다 떼면서 [뽀어]하고 발음해요.
po	윗입술과 아랫입술을 붙였다 떼면서 [포어]하고 발음해요.
mo	윗입술과 아랫입술을 붙였다 떼면서 비음을 넣어 [모어]하고 발음해요.
fo	영어 'f'와 같이 윗니를 아랫입술에 살짝 올리고 그 사이로 공기를 내어 [포어]하고 발음해요.

허끝소리 ▷ 운모 e와 결합하여 발음해요.

de*	혀끝을 윗니 뒤쪽에 붙였다 떼면서 [뜨어]하고 발음해요.
te	혀끝을 윗니 뒤쪽에 붙였다 떼면서 [트어]하고 발음해요.
ne	혀끝을 윗니 뒤쪽에 붙였다 떼면서 비음을 넣어 [느어]하고 발음해요.
le	혀끝을 윗잇몸에 붙였다 떼면서 [르어]하고 발음해요.

허뿌리소리 ▷ 운모 e와 결합하여 발음해요.

ge	혀뿌리를 입천장 뒤쪽의 연한 부분에 가까이 두고 목 안쪽 깊은 곳을 긁어주듯 강한 바람을 내어 [끄어]하고 발음해요.
ke	혀뿌리를 입천장 뒤쪽의 연한 부분에 가까이 두고 목 안쪽 깊은 곳을 긁어주듯 강한 바람을 내어 [크어]하고 발음해요.
he	혀뿌리를 입천장 뒤쪽의 연한 부분에 가까이 두고 목 안쪽 깊은 곳을 긁어주듯 강한 바람을 내어 [흐어]하고 발음해요.

● 우리말과 달리 중국어는 된소리와 예사소리의 구분이 없어요. 중국어의 성조에 따라 1성과 4성은 된소리에 가깝고 2성과 3성은 예사소리에 가깝게 들리는데 성모 b는 'ㅂ/ㅃ', 성모 d는 'ㄷ/ㄸ' 두가지 소리를 낼 수 있어요.

성모

혓바닥소리 〉 운모 i와 결합하여 발음해요.

ji	혓바닥을 평평하게 하고 입술을 양 옆으로 벌려 [찌]하고 발음해요
qi	혓바닥을 평평하게 하고 입술을 양 옆으로 벌려 [치]하고 발음해요.
xi	혓바닥을 평평하게 하고 입술을 양 옆으로 벌려 [씨]하고 발음해요.

허끝과 잇소리 〉 운모 i와 결합하여 발음하고 이때 i는 우리말 [으]로 발음해요.

zi	윗니와 아랫니를 나란히 하고 혀끝을 살짝 들어 윗니 뒤쪽에 가까이 대고 [쯔]하고 발음해요.
ci	윗니와 아랫니를 나란히 하고 혀끝을 살짝 들어 윗니 뒤쪽에 가까이 대고 [츠]하고 발음해요.
si	윗니와 아랫니를 나란히 하고 혀끝을 살짝 들어 윗니 뒤쪽에 가까이 대고 [쓰]하고 발음해요.

허 말은 소리 〉 운모 i와 결합하여 발음하고 이때 i는 우리말 [으]로 발음해요.

zhi	혀끝을 치켜 올려 입천장 앞쪽의 단단한 부분에 살짝 붙였다 떼면서 [쯔]하고 발음해요.
chi	혀끝을 치켜 올려 입천장 앞쪽의 단단한 부분에 살짝 붙였다 떼면서 [츠]하고 발음해요.
shi	혀끝을 치켜 올려 입천장 앞쪽의 단단한 부분에 살짝 붙였다 떼면서 [쓰]하고 발음해요.
ri	혀끝을 말아 입천장 앞쪽의 단단한 부분까지 치켜 올리고 [르]하고 발음해요.

복운모 〉 2개 이상의 모음으로 이루어진 운모로 하나의 음절로 발음해요.

ai	입을 크게 벌려 [아-이]하고 하나의 음절로 발음해요.
ei	입술을 옆으로 벌려 [에-이]하고 하나의 음절로 발음해요. * 운모 e는 다른 운모와 결합 시 [에]로 발음함.
ao	입을 크게 벌렸다 오므리며 [아-오]하고 발음해요. * 운모 o는 실제 운모 u에 가깝게 발음함.
ou	우리말 '오'의 입 모양보다 입을 살짝 벌리고 [어-우]하고 발음해요. * 운모 o는 운모 u와 결합 시 [오]는 거의 발음하지 않고 [어]에 가깝게 발음함.

비운모 〉 -n, -ng 등 비음을 섞어 발음해요.

an	입은 크게 벌려 [안]하고 비음을 넣어 발음해요.
en	입술을 옆으로 살짝 벌리고 [어언-]하고 비음을 넣어 발음해요. * 운모 e는 -n과 결합 시 [으]는 거의 발음하지 않음.
ang	입을 크게 벌려 [앙]하고 비음을 넣어 발음해요.
eng	입술을 옆으로 살짝 벌리고 [으엉-]하고 비음을 넣어 발음해요. * 운모 e는 -ng와 결합 시 [으]는 거의 발음하지 않음.
ong	운모 u의 입 모양을 하고 비음을 넣어 [오옹]하고 발음해요. * 운모 o는 -ng와 결합 시 [어]는 거의 발음하지 않음.

권설운모 〉

| er | 혀끝을 입천장 쪽으로 말아 올리면서 [얼]하고 발음해요. |

i결합운모

ia	입술을 옆으로 살짝 벌려 [이아-]하고 하나의 음절로 발음해요.
ie	입술을 옆으로 살짝 벌려 [이에-]하고 하나의 음절로 발음해요. • 운모 e는 다른 운모와 결합 시 [에]로 발음함.
iao	입술을 옆으로 살짝 벌려 [이아오]하고 하나의 음절로 발음해요.
iou	입술을 옆으로 살짝 벌려 [이어우]하고 하나의 음절로 발음해요. • 성모와 결합 시 -iu로 표기함.
ian	입술을 옆으로 살짝 벌리고 비음을 넣어 [이엔-]하고 하나의 음절로 발음해요. • 운모 an은 운모 i와 결합 시 [엔]으로 발음함.
iang	입술을 옆으로 살짝 벌리고 비음을 넣어 [이앙-]하고 하나의 음절로 발음해요.
in	입술을 옆으로 살짝 벌리고 비음을 넣어 [인]하고 하나의 음절로 발음해요.
ing	입술을 옆으로 살짝 벌리고 비음을 넣어 [잉]하고 하나의 음절로 발음해요.
iong	입술을 동그랗게 오므리고 비음을 넣어 [이옹-]하고 하나의 음절로 발음해요.

08 결합운모

u결합운모

ua	입을 동그랗게 오므리고 [우아-]하고 하나의 음절로 발음해요.
uo	입을 동그랗게 오므리고 [우어-]하고 하나의 음절로 발음해요. * 운모 o는 운모 u와 결합 시 [오]는 묵음처리 되어 [어]에 가깝게 발음함.
uai	입을 동그랗게 오므리고 [우아-이]하고 하나의 음절로 발음해요.
uei	입을 동그랗게 오므리고 [우에-이]하고 하나의 음절로 발음해요. * 성모와 결합 시 -ui로 표기함.
uan	입을 동그랗게 오므리고 비음을 넣어 [우안-]하고 하나의 음절로 발음해요.
uang	입을 동그랗게 오므리고 비음을 넣어 [우앙-]하고 하나의 음절로 발음해요.
uen	입을 동그랗게 오므리고 비음을 넣어 [우언-]하고 하나의 음절로 발음해요.
ueng	입을 동그랗게 오므리고 비음을 넣어 [우엉-]하고 하나의 음절로 발음해요.

ü결합운모

üan˙	입을 동그랗게 오므리고 비음을 넣어 [위엔-]하고 하나의 음절로 발음해요. * 운모 an은 운모 ü와 결합 시 [엔]으로 발음함.
üe˙	입을 동그랗게 오므려 [위에-] 하나의 음절로 발음해요.
ün˙	입을 동그랗게 오므리고 비음을 넣어 [윈]하고 하나의 음절로 발음해요.

● 운모 ü는 운모 u보다 입술을 양옆으로 조금 더 벌리고 입 모양을 유지한 채 발음함.

3성의 성조 변화

3성+3성 3성이 연이어 나오는 경우 앞의 3성은 2성으로 바꿔 발음해요.

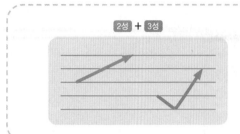

2성 + 3성

예 你好 nǐ hǎo → ní hǎo
了解 liǎo jiě → liáo jiě

3성+1·2·4·경성 3성 뒤에 1·2·4·경성이 오는 경우 자연스럽게 연결하기 위해 3성은 반 3성●으로 발음해요.

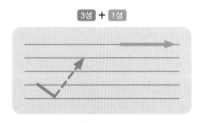

3성 + 1성

예 北京　　老师　　打开
Běijīng　lǎoshī　dǎkāi

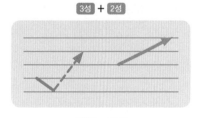

3성 + 2성

예 草莓　　旅游　　美国
cǎoméi　lǚyóu　Měiguó

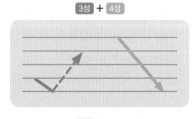

3성 + 4성

예 表面　　　美丽　　感冒
biǎomiàn　měilì　gǎnmào

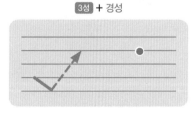

3성 + 경성

예 椅子　　喜欢　　老的
yǐzi　　xǐhuan　lǎode

● 반 3성은 내려가는 앞 부분의 음만 소리 내고 올라가는 뒷 부분의 음은 소리내지 않아요.

3성의 성조 변화

3성+3성+3성 〉 단어의 관계에 따라 성조가 변해요.

첫 번째, 두 번째 음절이 밀접하고 독립적인 단어인 경우

2성 + 2성 + 3성

예 展览馆
zhǎnlǎnguǎn

→ 展览 + 馆
zhánlán guǎn

두 번째, 세 번째 음절이 밀접하고 독립적인 단어인 경우

3성 + 2성 + 3성

예 米老鼠
mǐlǎoshǔ

→ 米 + 老鼠
mǐ láoshǔ

3성+3성+3성+3성 〉 단어의 관계에 따라 성조가 변해요.

각각의 음절이 밀접하고 독립적인 경우

2성 + 3성 + 2성 + 3성

예 我也很好。 Wǒ yě hěn hǎo.
→ Wó yě hén hǎo.

 一의 성조 변화

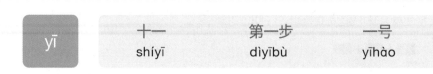

一 yī ⟩ 단독으로 읽거나 서수로 읽는 경우 yī 1성으로 발음해요.

yī	十一 shíyī	第一步 dìyībù	一号 yīhào

一 yì ⟩ 뒤 음절의 성조가 1성·2성·3성인 경우 yì 4성으로 발음해요.

yì + ー	一般 yìbān	一天 yìtiān	一心 yìxīn
yì + /	一年 yìnián	一同 yìtóng	一时 yìshí
yì + ✓	一起 yìqǐ	一种 yìzhǒng	一本 yìběn

一 yí ⟩ 뒤 음절의 성조가 4성인 경우 yí 2성으로 발음해요.

yí + \	一片 yípiàn	一对 yíduì	一看 yíkàn

不의 성조 변화

不 bù 〉 뒤 음절의 성조가 1성·2성·3성인 경우 bù 4성으로 발음해요.

bù + 一	不高 bùgāo	不喝 bùhē	不吃 bùchī
bù + ／	不来 bùlái	不如 bùrú	不时 bùshí
bù + ✓	不买 bùmǎi	不好 bùhǎo	不准 bùzhǔn

不 bú 〉 뒤 음절의 성조가 4성인 경우 bú 2성으로 발음해요.

| bú + ＼ | 不去 búqù | 不看 búkàn | 不是 búshì |

성조 표기 규칙

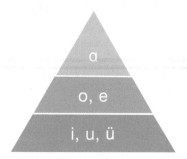

❶ 성조 부호는 운모 위에 단운모 a > o, e > i, u, ü 순으로 표기해요.

> 예   好 hǎo   写 xiě   够 gòu

❷ 운모 i 는 위의 점을 없애고 그 자리에 성조를 표기해요.

> 예   以 yǐ   新 xīn   十 shí

❸ 운모 ui 와 iu는 맨 끝 운모 위에 성조를 표기해요.

> 예   修 xiū   鬼 guǐ   水 shuǐ

❹ a · o · e로 시작하는 음절이 다른 음절 뒤에 오면 음절을 구분하기 위해 격음부호 (')를 사용해요.

> 예   女儿 nǚ'ér   皮袄 pí'ǎo   西安 Xī'ān

❺ 한어병음을 표기할 때, 단어의 품사별로 띄어 써요.

> 예   买东西 mǎidōngxi ➡ mǎi dōngxi

❻ 고유명사나 문장의 첫 글자는 대문자로 표기해요.

> 예   首尔 Shǒu'ěr   我很好。Wǒ hěn hǎo.

❼ 사람의 성과 이름은 띄어 쓰고, 각 첫 음절은 대문자로 표기해요.

> 예   朴智旻 Piáo Zhìmín   杨洋 Yáng Yáng

²⁴ 성조 표기 규칙

❽ 운모 i가 단독으로 쓰일 때는 앞에 y를 붙이고, 다른 운모와 결합할 때는 i를 y로 고쳐 표기해요.

i		표기 방법	예
	단독으로 쓰일 때	운모 i 앞에 y를 붙임	i → yi in → yin
	다른 운모와 결합할 때	운모 i를 y로 고침	ia → ya iao → yao

❾ 운모 u가 단독으로 쓰일 때는 앞에 w를 붙이고, 다른 운모와 결합할 때는 u를 w로 고쳐 표기해요.

u		표기 방법	예
	단독으로 쓰일 때	운모 u 앞에 w를 붙임	u → wu
	다른 운모와 결합할 때	운모 u를 w로 고침	ua → wa uen → wen

❿ 운모 ü가 단독으로 쓰일 때는 yu로 고쳐 표기하고 성모 j, q, x와 결합할 때는 운모 ü위의 점을 생략해요.

ü		표기 방법	예
	다른 운모와 결합할 때	운모 ü을 yu로 고침	ü → yu
	성모 j와 결합할 때		jüe → jue
	성모 q와 결합할 때	운모 ü위의 점을 생략	qün → qun
	성모 x와 결합할 때		xüan → xuan

⓫ 음절 끝에 儿음을 붙여 발음하는 것을 儿化 érhuà라고 해요.

儿	표기 방법	예
	음의 변화가 없는 경우	歌儿 gē+er → gēr
	[i]발음이 탈락하는 경우	孩儿 hái+er → háir
	[n]발음이 탈락하는 경우	门儿 mén+er → ménr

중국어 발음

1

안녕!

你好!

일러두기

1 중국어의 존댓말

중국어는 한국어와 달리 존댓말과 반말의 구분이 엄격하지 않아요. 대신 예의를 갖추는 말을 사용하거나, 상대방의 나이나 지위에 따라 각각 다른 표현을 사용해 손대를 표할 수 있어요. 이 책의 한국어 해석은 편의상 반말체를 사용했지만, 같은 말이라도 상황에 따라 반말이 될 수도 있고 존댓말이 될 수도 있답니다.

2 고유명사 표기

이 책에서는 고유명사가 나올 경우 중국어 발음을 소리 나는 대로 표기했지만, 익숙한 고유명사는 한자 독음으로 표기했어요. 인명의 경우 한국인의 이름은 한국에서 읽히는 발음으로, 중국인의 이름은 중국어 발음대로 표기했어요.

3 품사 표기

명사(名词)	명	부사(副词)	부	접속사(连词)	접
대명사(代词)	대	수사(数词)	수	조동사(助动词)	조동
동사(动词)	동	양사(量词)	양	조사(助词)	조
형용사(形容词)	형	전치사(介词)	전	감탄사(感叹词)	감

4 등장 인물

杨洋
Yáng Yáng
양양

朴智旻
Piáo Zhìmín
박지민

李现
Lǐ Xiàn
리셴

你	nǐ	대	너, 당신
好	hǎo	형	좋다, 안녕하다
你好	nǐ hǎo		안녕
哈喽	hā lou		헬로우(Hello)
嗨	hāi		하이(Hi)
好久不见	hǎojiǔ bú jiàn		오랜만이야, 오랜만입니다
最近	zuìjìn	명	최근, 요즘
吗	ma	조	문장 끝에 사용하여 의문을 표시함
我	wǒ	대	나, 저
很	hěn	부	매우, 아주, 정말
呢	ne	조	의문문의 끝에 사용하여 의문을 나타냄
也	yě	부	~도, 또한
谢谢	xièxie		고마워, 고맙습니다
不客气	bú kèqi		천만에, 별말씀을요
再见	zàijiàn		안녕, 또 보자, 안녕히 계세요
拜拜	báibái		바이바이(Bye-bye)

1 안녕!

nǐ
hǎo
Nǐ hǎo!
你好!

2 너 요즘 잘 지내?

hǎo
hǎo ma
Nǐ zuìjìn hǎo ma?
你最近好吗?

3 나도 잘 지내.

hǎo
hěn hǎo
Wǒ yě hěn hǎo.
我也很好。

4 잘 가!

zài
jiàn
Zàijiàn!
再见!

朴智旻 Nǐ hǎo!
你好!

杨洋 Hā lou!
哈喽!

朴智旻 Hāi, hǎojiǔ bú jiàn! Nǐ zuìjìn hǎo ma?
嗨，好久不见！你最近好吗？

杨洋 Wǒ hěn hǎo. Nǐ ne?
我很好。你呢？

朴智旻 Wǒ yě hěn hǎo, xièxie!
我也很好，谢谢！

杨洋 Bú kèqi, zàijiàn!
不客气，再见！

朴智旻 Báibái!
拜拜!

인사

朴智旻	Nǐ hǎo!
	你好!
	안녕!

杨洋	Hā lou!	哈喽와 嗨는 각각 영어의 hello와 hi에서 비롯된
	哈喽!	것으로, 격을 갖추지 않아도 되는 친한 사이에 주
	헬로우!	로 사용하는 인사말이에요.

朴智旻	Hāi, hǎojiǔ bú jiàn! Nǐ zuìjìn hǎo ma?	好久不见은 '오랫동안'을 의미하는 好久와 '만
	嗨,好久不见!你最近好吗?	나지 않다'라는 뜻을 가진 不见이 합쳐진 표현으
	하이, 오랜만이다! 요즘 잘 지내?	로 오랜만에 만나는 사이에 쓸 수 있는 인사말이
		에요.

杨洋	Wǒ hěn hǎo. Nǐ ne?	어기조사 呢는 '명사 + 呢'의 형식으로 문장 끝에
	我很好。你呢?	쓰여 의문의 어기를 나타내요.
	나는 잘 지내지. 너는?	

朴智旻	Wǒ yě hěn hǎo, xièxie!
	我也很好,谢谢!
	나도 잘 지내, 고마워!

杨洋	Bú kèqi, zàijiàn!	不客气는 '천만에요'라는 뜻으로 감사 표현에 대
	不客气,再见!	한 대답으로 사용해요.
	뭘, 잘 개!	

朴智旻	Báibái!
	拜拜!
	바이바이!

你好! 안녕!

인칭대명사

	단수	복수
1인칭	我 wǒ 나, 저	我们 wǒmen 우리(들)
2인칭	你 nǐ 너, 당신 您 nín 당신(존칭)	你们 nǐmen 너희들, 당신들
3인칭	他 tā 그 她 tā 그녀 它 tā 그것	他们 tāmen 그들 她们 tāmen 그녀들 它们 tāmen 그것들

인칭대명사는 사람을 가리키는 대명사로 사람에 따라 1인칭, 2인칭, 3인칭으로 나뉘어요. 존칭의 의미가 있는 您의 복수형인 您们은 쓰이지 않고, 대신 '여러분, 모두'라는 뜻을 가진 '各位(gèwèi)'나 '大家(dàjiā)'를 사용해요.

你好! 안녕!

Nín hǎo.
您好。 안녕하세요.

Dàjiā hǎo.
大家好。 여러분, 안녕하세요.

Lǎoshī hǎo.
老师好。 선생님, 안녕하세요.

일상적인 인사말로 好 앞에 인칭대명사나 상대방의 호칭을 붙여 쓸 수 있어요.

단어

大家 dàjiā 대 모두   **老师** lǎoshī 명 선생님

你最近好吗? 너 요즘 잘 지내?

Nín hǎo ma?
您好吗? 잘 계시죠?

Nǐ lèi ma?
你累吗? 너 피곤해?

Nǐmen è ma?
你们饿吗? 너희 배고파?

문장 끝에 吗를 붙여 의문을 나타내요.

我很好。 나 잘 지내.

Wǒ hěn lèi.
我很累。 나 피곤해.

Wǒ hěn è.
我很饿。 나 배고파.

Wǒ bù máng.
我不忙。 나 안 바빠.

긍정	주어 + 很 + 술어(형용사)
부정	주어 + 不 + 술어(형용사)

형용사 술어문은 형용사 앞에 부사 很을 붙여 술어가 되는 문장을 말해요. 很은 '매우'라는 뜻으로 쓰이지만 형용사 술어문에서는 그 의미가 약해 해석하지 않아요. 부정은 很 자리에 부정부사 不를 넣어 표현해요.

단어

累 lèi 형 피곤하다 **饿** è 형 배고프다 **忙** máng 형 바쁘다

我也很好。 나도 잘 지내.

Wǒ yě hěn kāixīn.
我也很开心。　　나도 즐거워.

| 기본 | 주어 ＋ 也 ＋ 부사어 ＋ 술어(동사/형용사) |

Wǒmen yě hěn è.
我们也很饿。　　우리도 배고파.

Wǒmen yě bù máng.
我们也不忙。　　우리도 바쁘지 않아.

부사 也는 주어 뒤, 술어 앞에 쓰여 '～도, 또한'이라는 의미를 나타내고, 也 뒤에 不를 붙여 부정을 표현할 수 있어요.

再见! 잘 가!

Wǎnshang jiàn.
晚上见。　　저녁에 보자.

Míngtiān jiàn.
明天见。　　내일 보자.

Yíhuìr jiàn.
一会儿见。　　이따 보자.

再见은 헤어질 때 나누는 인사말로, '만나다'라는 의미를 가진 见 앞에 시간을 나타내는 단어를 붙여 쓸 수 있어요.

단어

开心 kāixīn 형 즐겁다　晚上 wǎnshang 명 저녁　明天 míngtiān 명 내일　一会儿 yíhuìr 잠시, 곧

1 A B 吗?   A는 B해?

你 Nǐ	累 lèi	吗? ma?
他 Tā	忙 máng	
你们 Nǐmen	开心 kāixīn	

2 A 很 B 。   A는 B해.

我 Wǒ	很 hěn	累。 lèi.
她 Tā		忙。 máng.
我们 Wǒmen		开心。 kāixīn.

3 A 也 B 。   A도 B해.

你 Nǐ	也 yě	很累。 hěn lèi.
他 Tā		很忙。 hěn máng.
他们 Tāmen		很开心。 hěn kāixīn.

①

Nǐ hǎo!　Hā lou!

你好！哈喽！

②

Hǎojiǔ bú jiàn.

好久不见。

③

Xièxie.　Bú kèqi.

谢谢。不客气。

④

Zàijiàn!　Báibái!

再见！拜拜！

①

Wǒ hěn hǎo.

我很好。

②

Wǒ yě hěn hǎo.

我也很好。

③

Tā hěn máng.

他很忙。

④

Tā yě hěn máng.

她也很忙。

연습문제

1 녹음을 듣고 발음에 주의하며 따라 읽어 보세요.

nǐ	jiǔ	jiàn	yě	ma	hǎo
bù	hěn	kèqi	zài	zuìjìn	wǒ

2 녹음을 듣고 빈칸에 알맞은 한어병음을 써 보세요.

❶ Nǐ _____!

❷ Nǐ _____ hǎo _____?

❸ Wǒ _____ hǎo. _____ _____?

❹ Bú _____, _____!

3 녹음을 듣고 잘못된 부분에 밑줄을 긋고 바르게 고쳐 보세요.

예 Hē lou!	(Hā)

❶ Nǐ hào.　　　　　　　　　　　(　　　　)

❷ Hǎojiǔ bú jiǎn.　　　　　　　(　　　　)

❸ Wǒ yǎ hèn hǎo.　　　　　　(　　,　　)

❹ Xiěxiě!　　　　　　　　　　　(　　　　)

연습문제

4 **뜻을 보고 알맞은 한어병음과 한자를 연결해 보세요.**

매우, 아주, 정말 ●   ● nǐ ●   ● 我

최근, 요즘 ●   ● yě ●   ● 好

나 ●   ● hǎo ●   ● 很

좋다, 안녕하다 ●   ● zuìjìn ●   ● 也

너 ●   ● hěn ●   ● 你

~도, 또한 ●   ● wǒ ●   ● 最近

5 **단어를 바르게 배열해 문장을 완성해 보세요.**

❶ | 久 | 见 | 好 | 不 |

_____ 오랜만이야!

❷ | 最近 | 你 | 吗 | 好 |

_____ 너 요즘 잘 지내?

❸ | 很 | 你 | 好 | 我 | 呢 |

_____ 나는 잘 지내. 너는?

❹ | 谢 | 很 | 我 | 好 | 谢 | 也 |

_____ 나도 잘 지내, 고마워!

❺ | 再 | 客气 | 不 | 见 |

_____ 천만에, 잘 가!

연습문제

6 다음 문장을 중국어로 쓰고 큰 소리로 말해 보세요.

❶ 안녕!

✎ ....

❷ 오랜만이야!

✎ ....

❸ 너 요즘 잘 지내?

✎ ....

❹ 나도 잘 지내.

✎ ....

❺ 나 안 바빠.

✎ ....

❻ 천만에, 잘 가!

✎ ....

7 다음 문장을 따라 쓰고 반복해서 읽어 보세요.

❶ 谢谢!
....

❷ 不客气。
....

❸ 你累吗?
....

❹ 我不饿。
....

❺ 我也很开心。
....

❻ 一会儿见。
....

14 플러스 표현

시간대별 인사말

早上好! Zǎoshang hǎo!	早(安)! Zǎo('ān)!	아침 인사
下午好! Xiàwǔ hǎo!	中午好! Zhōngwǔ hǎo!	오후 인사
晚上好! Wǎnshang hǎo!	晚安! Wǎn'ān!	저녁 인사

처음 만났을 때 하는 인사말

幸会幸会! Xìnghuì xìnghuì!　만나 뵙게 되어 영광입니다!

久仰久仰! Jiǔyǎng jiǔyǎng!　말씀 많이 들었습니다!

久仰大名! Jiǔyǎng dàmíng!　말씀 많이 들었습니다!

헤어질 때 하는 인사말

回头见! Huítóu jiàn!	이따 보자!	我先走了。 Wǒ xiān zǒu le.	먼저 들어갈게.
后会有期。 Hòu huì yǒu qī.	나중에 또 만나자.	不见不散。 Bú jiàn bú sàn.	꼭 만나자.
周末愉快! Zhōumò yúkuài!	주말 잘 보내!	假期愉快! Jiàqī yúkuài!	연휴 잘 보내!

기념일에 하는 인사말

新年快乐! Xīnnián kuàilè!　새해 복 많이 받으세요!

中秋节快乐! Zhōngqiūjié kuàilè!　행복한 추석 보내시길 바랍니다!

圣诞快乐! Shèngdàn kuàilè!　메리 크리스마스!

기타 인사말

祝你身体健康! Zhù nǐ shēntǐ jiànkāng!　건강하시기를 바랍니다!

祝你万事如意! Zhù nǐ wànshì rúyì!　모든 일이 뜻대로 이루어지길 바랍니다!

祝你好运! Zhù nǐ hǎoyùn!　행운을 빕니다!

'감사합니다', '미안합니다' 상황별로 쓰이는 표현이 다르다?

감사를 나타내는 표현

❶ 谢谢。 Xièxie. 감사합니다.
가장 보편적으로 쓰이는 감사 표현이에요.

❷ 谢了。 Xiè le. 고마워.
격식을 차리지 않아도 되는 편한 사이에서 나누는 감사 표현이에요.

❸ 多谢。 Duō xiè. 대단히 감사합니다.
谢谢와 같이 일상적으로 사용하는 감사 표현으로, 영어의 'Thank you very much'와 비슷한 뉘앙스를 가지고 있어요.

❹ 太感谢了。 Tài gǎnxiè le. 정말 감사합니다.
감사함의 정도가 깊을 때 사용할 수 있는 정중한 표현이에요.

감사 인사에 대한 대답으로는 '천만에요'라는 뜻을 가진 표현인 '不客气 bú kèqi', '不谢 bú xiè' '不用谢 búyòng xiè' 등이 있어요.

미안함을 나타내는 표현

❶ 不好意思。 Bù hǎo yìsi. 미안해(요).
중국인이 일상적으로 자주 사용하는 표현으로, 미안한 마음을 가볍게 표현하고 싶을 때 사용해요. 예를 들어 전화를 잘못 걸었거나 버스에서 어깨를 부딪혔을 때와 같이 비교적 작은 실수에 '不好意思'를 쓸 수 있어요.

❷ 抱歉。 Bàoqiàn. 죄송합니다.
미안한 마음을 정중하게 표현하는 인사말로, '不好意思'만큼 중국인들이 자주 사용하는 표현이에요.

❸ 对不起。 Duìbuqǐ. 정말 죄송합니다.
상대방에게 큰 피해를 끼쳐 용서를 구할 때 쓰는 표현이에요. 미안한 마음을 가볍게 표현하고 싶을 때 '对不起'를 쓸 경우 상대방이 부담스러워 하거나 표현이 과하다고 생각할 수 있어요.

사과에 대한 대답으로는 '괜찮아요'라는 뜻을 가진 표현인 '没事儿 méishìr', '没关系 méi guānxi' 등이 있어요.

2

너 이름이 뭐야?

你叫什么名字?

朴智旻 李现 杨洋

1과 복습

1 보기에서 알맞은 단어를 골라 빈칸에 써 보세요.

> **보기**　你　很　也　你好　吗　再见　好　我

❶ 너, 당신 [   ]　　❷ 나, 저 [   ]

❸ 아주, 매우 [   ]　　❹ ~도, 또한 [   ]

❺ 잘 가 [   ]　　❻ 안녕 [   ]

2 다음 문장을 완성해 보세요.

❶ 안녕.　　　　　　_____。

❷ 너 요즘 잘 지내?　　你_____好_____?

❸ 나도 잘 지내. 고마워!　　我_____好, _____!

❹ 천만에. 잘 가!　　不客气, _____!

3 빈칸에 알맞은 말을 써 보세요.

	단수			복수		
1인칭	我	wǒ	나, 저	我们		우리(들)
2인칭	你	nǐ	너, 당신	你们		너희들, 당신들
	您		당신(존칭)			
3인칭		tā	그		tāmen	그들
		tā	그녀		tāmen	그녀들
		tā	그것		tāmen	그것들

叫	jiào	동	(이름을) ~라고 하다
什么	shénme	대	무엇, 무슨
名字	míngzi	명	이름
是	shì	동	~이다
哪	nǎ	대	어느
国	guó	명	나라
人	rén	명	사람
韩国人	Hánguórén		한국인
不	bù	부	~이 아니다
中国人	Zhōngguórén		중국인
他	tā	대	그, 그 사람
谁	shéi	대	누구
朋友	péngyou	명	친구
认识	rènshi	동	알다
高兴	gāoxìng	형	기쁘다, 즐겁다

1 너 이름이 뭐야?

> jiào
> jiào shénme
> Nǐ jiào shénme míngzi?
> 你叫什么名字?

2 난 박지민이라고 해.

> jiào
> jiào Piáo Zhìmín
> Wǒ jiào Piáo Zhìmín.
> 我叫朴智旻。

3 난 한국인이야.

> shì
> shì Hánguórén
> Wǒ shì Hánguórén.
> 我是韩国人。

4 만나서 반가워!

> rènshi
> rènshi nǐ
> Rènshi nǐ hěn gāoxìng!
> 认识你很高兴!

李现　Nǐ jiào shénme míngzi?
　　　你叫什么名字?

朴智旻　Wǒ jiào Piáo Zhìmín.
　　　我叫朴智旻。

李现　Nǐ shì nǎ guó rén?
　　　你是哪国人?

朴智旻　Wǒ shì Hánguórén. Nǐ yě shì Hánguórén ma?
　　　我是韩国人。你也是韩国人吗?

李现　Bù, wǒ shì Zhōngguórén, jiào Lǐ Xiàn. Tā shì shéi?
　　　不，我是中国人，叫李现。他是谁?

朴智旻　Shì wǒ péngyou Yáng Yáng. Tā yě shì Zhōngguórén.
　　　是我朋友杨洋。他也是中国人。

李现　Rènshi nǐ hěn gāoxìng!
　　　认识你很高兴!

杨洋　Rènshi nǐ wǒ yě hěn gāoxìng!
　　　认识你我也很高兴!

05 회화 해설

만남

李现	Nǐ jiào shénme míngzi? **你叫什么名字?** 너 이름이 뭐야?
朴智旻	Wǒ jiào Piáo Zhìmín. **我叫朴智旻。** 난 박지민이라고 해.
李现	Nǐ shì nǎ guó rén? **你是哪国人?** 넌 어느 나라 사람이야?
朴智旻	Wǒ shì Hánguórén. Nǐ yě shì Hánguórén ma? **我是韩国人。你也是韩国人吗?** 난 한국인이야. 너도 한국인이야?

李现 Bù, wǒ shì Zhōngguórén, jiào Lǐ Xiàn. Tā shì shéi?
不，我是中国人，叫李现。他是谁?
아니, 난 중국인이고 리셴이라고 해. 쟤는 누구야?

不는 앞서 나온 질문에 대해 대답할 때 사용하는 부정 표현이에요.

朴智旻 Shì wǒ péngyou Yáng Yáng. Tā yě shì Zhōngguórén.
是我朋友杨洋。他也是中国人。
내 친구 양양이야. 쟤도 중국인이야.

문맥상 말하는 이와 듣는 이가 모두 알고 있다면, 주어는 생략할 수 있어요.

李现 Rènshi nǐ hěn gāoxìng!
认识你很高兴!
만나서 반가워!

认识你很高兴은 처음 만났을 때 하는 인사말로, 很高兴认识你라고도 말할 수 있어요.

杨洋 Rènshi nǐ wǒ yě hěn gāoxìng!
认识你我也很高兴!
나도 만나서 반가워!

你叫什么名字? 너 이름이 뭐야?

Nǐ jiào shénme míngzi?
A : 你叫什么名字?　　　너 이름이 뭐야?

Wǒ jiào Piáo Zhìmín.
B : 我叫朴智旻。　　　난 박지민이라고 해.

동사 叫는 '~라 부르다'는 의미로 이름을 묻고 대답할 때 사용해요. 그 외에 '성이 ~이다'라는 동사 姓을 사용하여 이름을 묻고 대답할 수 있어요.

Nín guìxìng?
A : 您贵姓?　　　성함이 어떻게 되시나요?

Wǒ xìng Piáo.
B1 : 我姓朴。　　　저는 박 씨예요.

Wǒ xìng Piáo, jiào Zhìmín.
B2 : 我姓朴，叫智旻。　　제 성은 박 씨고, 이름은 지민이에요.

你叫什么名字? 너 이름이 뭐야?

Zhè shì shénme?
这是什么?　　이건 뭐야?

Nǐ hē shénme?
你喝什么?　　너 뭐 마셔?

기본	주어＋술어(동사)＋什么
확장	주어＋술어(동사)＋什么＋목적어

의문대명사 什么는 '무엇'이라는 의미로 술어 뒤에 단독으로 쓰여 사물에 대해 물을 수 있어요. 이때 의문조사 吗는 쓰지 않아요.

Zhè shì shénme shū?
这是什么书?　　이건 무슨 책이야?

Nǐ hē shénme chá?
你喝什么茶?　　너 무슨 차 마셔?

'什么+명사'의 구조로 명사 앞에 쓰여 명사를 꾸며주는 역할을 하며 '무슨, 어떤'의 의미로 사용해요.

단어

贵 guì 형 존경의 뜻을 나타내는 말　这 zhè 대 이, 이것　喝 hē 동 마시다　书 shū 명 책　茶 chá 명 차

你是哪国人? 넌 어느 나라 사람이야?

Tā shì xuésheng ma?
A : 他是学生吗? 쟤 학생이야?

Tā shì xuésheng.
B1 : 他是学生。 쟤 학생이야.

Tā bú shì xuésheng.
B2 : 他不是学生。 쟤 학생 아니야.

| 긍정 | A ＋ 是 ＋ B |
| 부정 | A ＋ 不是 ＋ B |

동사 是는 '~이다'라는 의미로 '주어+是+목적어' 구조로 쓰여요. 是의 부정은 부정부사 不와 함께 쓰여 不是라고 표현해요.

你是哪国人? 넌 어느 나라 사람이야?

	단수	복수
근칭	这(个) zhè(ge) 이, 이것	这些 zhèxiē 이것들
원칭	那(个) nà(ge) 저, 저것	那些 nàxiē 저것들
의문	哪(个) nǎ(ge) 어느, 어느 것	哪些 nǎxiē 어느 것들

Nǐ yào nǎge?
A : 你要哪个? 넌 어떤 걸로 할래?

Wǒ yào zhège.
B : 我要这个。 난 이걸로 할래.

Nǎge zuì hǎo?
哪个最好? 어떤 게 제일 나아요?

지시대명사는 사람이나 사물을 가리킬 때 사용해요. 공간적, 심리적, 시각적인 거리에 따라 구분하여 가까울 때는 这, 멀 때는 那, 의문은 哪로 표현해요. 哪는 '어느', '어느 것'이라는 의미로 사람이나 사물을 물어볼 때 주로 사용해요.

단어

学生 xuésheng 명 학생 **要** yào 통 원하다 **最好** zuì hǎo 형 가장 좋다, 제일 좋다

他是谁? 쟤는 누구야?

Tā shì shéi?
A : 他是谁?　　쟤는 누구야?

Tā shì wǒ dìdi.
B : 他是我弟弟。　쟤는 내 남동생이야.

Zhè shì shéi de?
这是谁的?　　이건 누구 거야?

Shéi shì nǐ dìdi?
谁是你弟弟?　누가 네 남동생이야?

의문대명사 谁는 '누구'라는 의미로 사람을 물어볼 때 사용하고 주어, 목적어, 관형어로 쓰여요.

认识你很高兴。 만나서 반가워.

Wǒ rènshi nǐ hěn kāixīn.
我认识你很开心。　널 알게 되어 기뻐.

Wǒ rènshi nǐ hěn róngxìng.
我认识你很荣幸。　당신을 알게 되어 영광입니다.

Rènshi nǐ zhēn hǎo.
认识你真好。　널 알게 되어 정말 좋아.

认识你는 '너를 알게 되다'라는 의미로 뒤에 '기쁘다(开心)', '영광이다(荣幸)', '정말 좋다(真好)' 등의 단어를 붙여 처음 만나 알게 된 상황의 인사 표현으로 사용할 수 있어요.

단어

弟弟 dìdi 몡 남동생　**荣幸** róngxìng 혱 영광스럽다　**真** zhēn 뷔 정말(로)

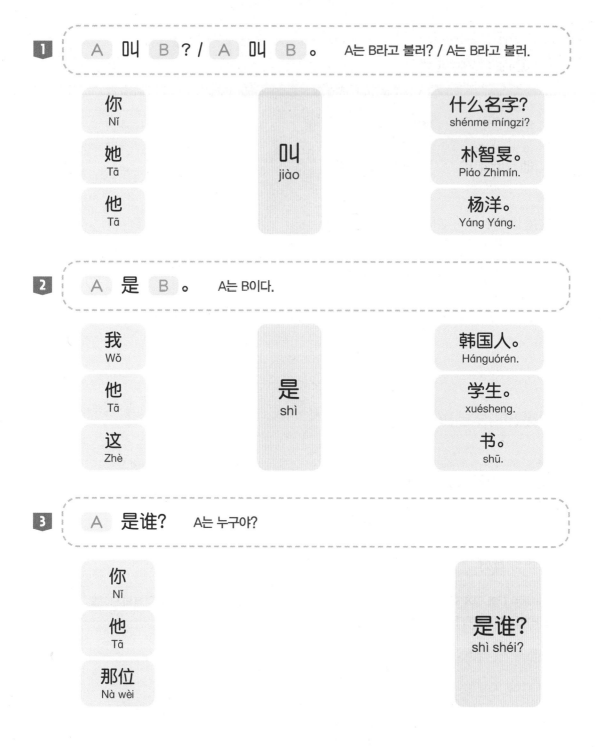

1 A 叫 B ? / A 叫 B 。 A는 B라고 불러? / A는 B라고 불러.

你 Nǐ		什么名字? shénme míngzi?
她 Tā	叫 jiào	朴智旻。 Piáo Zhìmín.
他 Tā		杨洋。 Yáng Yáng.

2 A 是 B 。 A는 B이다.

我 Wǒ		韩国人。 Hánguórén.
他 Tā	是 shì	学生。 xuésheng.
这 Zhè		书。 shū.

3 A 是谁? A는 누구야?

你 Nǐ	
他 Tā	是谁? shì shéi?
那位 Nà wèi	

단어

位 wèi 양 분[존칭]　那位 nà wèi 저 분

10

❶ Nǐ jiào shénme míngzi?
你叫什么名字？

❷ Wǒ jiào Piáo Zhìmín.
我叫朴智昱。

❸ Nǐ shì nǎ guó rén?
你是哪国人？

❹ Wǒ shì Hánguórén.
我是韩国人。

❶ Zhè shì shénme?
这是什么？

❷ Zhè shì shū.
这是书。

❸ Tā shì shéi?
他是谁？

❹ Tā shì wǒ péngyou.
他是我朋友。

1 녹음을 듣고 발음에 주의하며 따라 읽어 보세요.

tā	péngyou	rènshi	guó	míngzi	nǎ
shénme	gāoxìng	jiào	shéi	rén	shì

2 녹음을 듣고 빈칸에 알맞은 한어병음을 써 보세요.

❶ Nǐ _____ _____ míngzi?

❷ Nǐ _____ _____ _____ _____?

❸ _____, wǒ _____ _____.

❹ _____ nǐ hěn _____!

3 녹음을 듣고 잘못된 부분에 밑줄을 긋고 바르게 고쳐 보세요.

예 <u>Wò</u> shì Hánguórén. (Wǒ)

❶ Nǐ zhào shénme míngzi? ( )

❷ Nǐ shì nǎ gé rén? ( )

❸ Tā shì séi? ( )

❹ Lènshi nǐ wǒ yě hěn gāoxìng! ( )

4 뜻을 보고 알맞은 한어병음과 한자를 연결해 보세요.

무엇, 무슨 ●	● nǎ ●	● 是
어느 ●	● shì ●	● 人
사람 ●	● shéi ●	● 高兴
기쁘다, 즐겁다 ●	● shénme ●	● 朋友
~이다 ●	● rén ●	● 哪
누구 ●	● rènshi ●	● 什么
알다 ●	● péngyou ●	● 谁
친구 ●	● gāoxìng ●	● 认识

5 단어를 바르게 배열해 문장을 완성해 보세요.

❶ 哪 | 人 | 是 | 你 | 国

_____ 넌 어느 나라 사람이야?

❷ 吗 | 你 | 韩国人 | 也 | 是

_____ 너도 한국인이야?

❸ 叫 | 是 | 我 | 李现 | 不 | 中国人

_____ 아니, 난 중국인이고 리셴이라고 해.

❹ 是 | 我 | 他 | 杨洋 | 朋友

_____ 쟤는 내 친구 양양이야.

❺ 我 | 高兴 | 你 | 很 | 认识 | 也

_____ 나도 만나서 반가워!

연습문제

6 다음 문장을 중국어로 쓰고 큰 소리로 말해 보세요.

❶ 너 이름이 뭐야?

✎ ....

❷ 넌 어느 나라 사람이야?

✎ ....

❸ 난 한국인이야.

✎ ....

❹ 쟤는 누구야?

✎ ....

❺ 쟤는 내 친구야.

✎ ....

❻ 만나서 반가워!

✎ ....

7 다음 문장을 따라 쓰고 반복해서 읽어 보세요.

❶ 你叫什么名字？

....

❷ 这是什么？

....

❸ 她是学生。

....

❹ 你是哪国人？

....

❺ 他是你朋友吗？

....

❻ 他是谁？

....

Hánguó 韩国 한국	Zhōngguó 中国 중국	Rìběn 日本 일본
Měiguó 美国 미국	Yīngguó 英国 영국	Éluósī 俄罗斯 러시아
Déguó 德国 독일	Fǎguó 法国 프랑스	Yìdàlì 意大利 이탈리아
Mòxīgē 墨西哥 멕시코	Tǔ'ěrqí 土耳其 터키	Yìndù 印度 인도
Jiānádà 加拿大 캐나다	Àodàlìyà 澳大利亚 호주	Bāxī 巴西 브라질

중국인들이 자주 쓰는 한국어가 있다?

> Wuli Zhìmín ōu bā sā làng hēi yōu!
> **Wuli智旻欧巴撒浪嘿呦!**

위의 문장을 보고 한번 큰 소리로 읽어 볼까요? 혹시 무슨 말인지 눈치채셨나요? '우리 지민 오빠 사랑해요'라는 말을 발음 나는 대로 표기한 것이에요. 이처럼 중국의 젊은 층 사이에서는 한국어 문장을 중국어로 음역해 말하는 것이 유행이에요. 중국에서 한국 드라마와 아이돌이 인기를 끌면서 재미있는 신조어들이 탄생한 거죠. 그렇다면 이렇게 한국 문화의 영향을 받아 만들어진 신조어에는 어떤 것들이 있을까요?

❶ **欧巴** ōu bā **/ 欧尼** ōu ní
한국어의 '오빠'와 '언니'를 중국어로 음역해서 만든 단어예요. 흥미로운 점은 남성도 '欧巴'를 쓰는 경우가 있다는 건데, 중국어의 '哥哥gēge'라는 단어가 성별 구분 없이 형과 오빠를 모두 지칭하기 때문이에요.

❷ **思密达** sī mì dá
한국어의 '〜습니다'를 중국어로 음역해서 만든 단어예요. 중국인들은 한국어에 '〜습니다'가 자주 쓰인다고 생각해서 말 끝에 '思密达'를 붙여 한국어를 흉내내요. 예를 들어 '밥 먹었습니다'라는 문장은 '밥을 먹다'라는 뜻을 가진 '吃饭 chī fàn'과 '思密达'를 붙여 '吃饭思密达'라고 말해요.

❸ **撒浪嘿呦** sā làng hēi yōu
한국어의 '사랑해요'를 중국어로 음역해서 만든 단어예요.

❹ **wuli**
한국어의 '우리'를 영어 알파벳으로 표기한 단어예요. 좋아하는 연예인 이름 앞에 붙여서 친근함을 나타내요. 중국어에도 '我们'이라는 단어가 있지만, wuli라는 발음이 부드럽고 정감 있게 들려서 자주 사용한다고 해요.

• **중국에서 자주 쓰이는 한국 유행어**

▶ 国民妹妹 guómín mèimei 국민 여동생	▶ 爱豆 ài dòu 아이돌
▶ 国民主持人 guómín zhǔchírén 국민 MC	▶ 理想型 lǐxiǎng xíng 이상형
▶ 暖男 nuǎn nán 훈남	▶ 比心 bǐ xīn 손가락 하트

3

난 외동이야.

我是独生女。

토닥토닥 응원 메시지

加油 화이팅

자동차가 움직이려면 기름을 가득 넣어야 하죠? '기름을
넣다'라는 뜻의 加油는 실생활에서 '화이팅'이라는 의미
로 자주 쓰이고 있어요. 공부를 마치고 친구나 가족에게
'加油!'라고 외쳐 보면 어떨까요? 자, 이제 기름을 빵빵하
게 넣고 힘차게 3과를 달릴 준비를 해 봐요! 加油!

加油 jiāyóu 화이팅

1 보기에서 알맞은 단어를 골라 빈칸에 써 보세요.

> 보기 他 认识 哪 叫 谁 是 什么 高兴

❶ ~라고 하다 [　　　]   ❷ ~이다 [　　　]

❸ 그, 그 사람 [　　　]   ❹ 어느 [　　　]

❺ 누구 [　　　]   ❻ 무엇, 무슨 [　　　]

2 다음 문장을 완성해 보세요.

❶ 너 이름이 뭐야?　　你＿＿＿＿＿＿名字?

❷ 넌 어느 나라 사람이야?　　你＿＿＿＿＿＿人?

❸ 난 한국인이야.　　我＿＿＿＿＿＿。

❹ 쟤는 누구야?　　他＿＿＿＿?

❺ 쟤는 내 친구야.　　他＿＿＿我＿＿＿＿＿。

❻ 만나서 반가워.　　＿＿＿＿你很＿＿＿＿!

3 빈칸에 알맞은 말을 써 보세요.

	단수			복수		
근칭						
원칭	那(个)	nà(ge)	저, 저것			
의문				哪些	nǎxiē	어느 것들

家	jiā	명	집, 가정, 집안
有	yǒu	동	있다, 가지고 있다
几	jǐ	수	몇
口	kǒu	양	식구[사람을 세는 양사]
四口人	sì kǒu rén		네 식구
爸爸	bàba	명	아빠
妈妈	māma	명	엄마
弟弟	dìdi	명	남동생
和	hé	접	~와, ~과
多	duō	부	얼마나
大	dà	형	(나이가) 많다, 크다
了	le	조	~되다[동사나 형용사 뒤에 쓰여 변화가 이미 완료됨을 나타냄]
比	bǐ	전	~에 비하여, ~보다
小	xiǎo	형	(나이가) 적다, 작다
岁	suì	양	세, 살[나이를 세는 양사]
大学生	dàxuéshēng	명	대학생
没有	méiyǒu	동	없다
兄弟姐妹	xiōngdì jiěmèi	명	형제자매
独生女	dúshēngnǚ	명	외동딸

1 너희 가족은 몇 명이야?

yǒu
yǒu jǐ kǒu rén
Nǐ jiā yǒu jǐ kǒu rén?
你家有几口人?

2 걔는 나보다 한 살 어려.

bǐ
bǐ wǒ xiǎo
Tā bǐ wǒ xiǎo yí suì.
他比我小一岁。

3 걔는 대학생이야?

shì
shì dàxuéshēng
Tā shì dàxuéshēng ma?
他是大学生吗?

4 넌 형제 있어?

yǒu méiyǒu
yǒu méiyǒu xiōngdì jiěmèi
Nǐ yǒu méiyǒu xiōngdì jiěmèi?
你有没有兄弟姐妹?

朴智旻 Lǐ Xiàn, nǐ jiā yǒu jǐ kǒu rén?
李现，你家有几口人？

李现 Wǒ jiā yǒu sì kǒu rén. Bàba, māma, dìdi hé wǒ.
我家有四口人。爸爸、妈妈、弟弟和我。

朴智旻 Nǐ dìdi duō dà le?
你弟弟多大了？

李现 Èrshí suì, bǐ wǒ xiǎo yí suì.
二十岁，比我小一岁。

朴智旻 Tā shì dàxuéshēng ma?
他是大学生吗？

李现 Shì, tā shì dàxuéshēng. Nǐ yǒu méiyǒu xiōngdì jiěmèi?
是，他是大学生。你有没有兄弟姐妹？

朴智旻 Méiyǒu, wǒ shì dúshēngnǚ.
没有，我是独生女。

05 회화 해설

가족

朴智旻	Lǐ Xiàn, nǐ jiā yǒu jǐ kǒu rén?

李现，你家有几口人？

리셴, 너희 가족은 몇 명이야?

李现   Wǒ jiā yǒu sì kǒu rén. Bàba, māma, dìdi hé wǒ.

我家有四口人。爸爸、妈妈、弟弟和我。

우리 가족은 네 명이야. 아빠, 엄마, 남동생 그리고 나.

> 口는 주로 가족이나 식구를 셀 때 쓰는 양사예요. 접속사 和는 '~와/과'라는 뜻으로, 명사와 명사를 연결하는 역할을 해요.

朴智旻   Nǐ dìdi duō dà le?

你弟弟多大了？

남동생은 몇 살이야?

> 多大了는 아랫사람이나 비슷한 연령대의 사람에게 나이를 물어볼 때 사용하는 말이에요. 연장자의 나이를 물어볼 때는 뒤에 年纪(niánjì 연령, 연세)를 붙여 您多大年纪了？라고 말해요.

李现   Èrshí suì, bǐ wǒ xiǎo yí suì.

二十岁，比我小一岁。

스무 살, 나보다 한 살 어려.

> 二十岁는 명사 술어문으로 나이, 시간, 날짜, 요일 등 수량사가 술어가 되는 문장은 동사 是를 생략할 수 있어요.

朴智旻   Tā shì dàxuéshēng ma?

他是大学生吗？

대학생이야?

李现   Shì, tā shì dàxuéshēng. Nǐ yǒu méiyǒu xiōngdì jiěmèi?

是，他是大学生。你有没有兄弟姐妹？

응, 대학생이야. 넌 형제 있어?

朴智旻   Méiyǒu, wǒ shì dúshēngnǚ.

没有，我是独生女。

없어, 난 외동이야.

> 외아들은 独子(dúzǐ)라고 말해요.

你家有几口人? 너희 가족은 몇 명이야?

Nǐ yǒu jǐ ge?
你有几个?　　너 몇 개 있어?

긍정	주어 + 有 + 목적어
부정	주어 + 没有 + 목적어

Nǐ yǒu shíjiān ma?
你有时间吗?　　너 시간 있어?

Wǒ méiyǒu shíjiān.
我没有时间。　　나 시간 없어.

동사 有는 '~을 가지고 있다'라는 의미로 소유를 나타내요. 부정 표현은 没有로, 有를 생략하고 종종 没만 사용하기도 해요.

你家有几口人? 너희 가족은 몇 명이야?

Jǐ ge rén?
几个人?　　몇 명?

Nǐ yǒu jǐ běn shū?
你有几本书?　　너 책 몇 권 있어?

Jǐ niánjí?
几年级?　　몇 학년?

의문대명사 几는 10 이하의 비교적 작은 수를 물을 때 사용해요. 우리말 '몇 개', '몇 명' 등과 같이 대개 양사와 함께 쓰이며 '几+양사+(명사)'로 표현해요.

단어

时间 shíjiān 명 시간　**本** běn 양 권[책 등을 세는 양사]　**年级** niánjí 명 학년

我家有四口人。 우리 가족은 네 명이야.

일	이	삼	사	오	육	칠	팔	구	십
一 yī	二 èr	三 sān	四 sì	五 wǔ	六 liù	七 qī	八 bā	九 jiǔ	十 shí
십일	십이	십삼	십사	십오	십육	십칠	십팔	십구	이십
十一 shíyī	十二 shí'èr	十三 shísān	十四 shísì	十五 shíwǔ	十六 shíliù	十七 shíqī	十八 shíbā	十九 shíjiǔ	二十 èrshí
삼십	사십		구십구		백/일백	천/일천	만/일만	억/일억	영
三十 sānshí	四十 sìshí		九十九 jiǔshíjiǔ		一百 yìbǎi	一千 yìqiān	一万 yíwàn	一亿 yíyì	零 líng

123 一百二十三 yìbǎi èrshísān 단위 앞 숫자가 1일 경우 숫자 '一'은 반드시 표현해야 함.
104 一百零四 yìbǎi líng sì 단위 가운데 숫자 '0'이 있는 경우 반드시 표현해야 함.
1004 一千零四 yìqiān líng sì 단위 가운데 숫자 '0'이 2개 이상인 경우, 한 번만 표시함.

중국의 숫자 표현은 한국과 거의 차이가 없지만 숫자 '1(一)'의 성조와 숫자 '0(零)'의 쓰임에 유의해야 해요. 또한 숫자 2는 양사와 결합하는 경우 二 대신 两(liǎng)을 사용해요.

你弟弟多大了? 네 남동생은 몇 살이야?

Nǐ jīnnián duō dà le?
A : 你今年多大了? 너 올해 몇 살이야?

Wǒ jīnnián èrshíliù suì.
B : 我今年二十六岁。 나 올해 스물여섯이야.

Nín jīnnián duō dà niánjì le?
A : 您今年多大年纪了? 올해 연세가 어떻게 되세요?

Wǒ kuài sìshí le.
B : 我快四十了。 저는 곧 마흔이에요.

多大는 '(나이가) 얼마인가'라는 의미로, 나이를 물을 때 사용해요. 격식을 차려 묻거나 연장자의 나이를 물을 때는 多大뒤에 年纪를 붙여 말하기도 해요. 나이가 10살 이상인 경우 岁를 생략하기도 해요.

단어

百 bǎi ⊕ 백 千 qiān ⊕ 천 万 wàn ⊕ 만 亿 yì ⊕ 억 年纪 niánjì 몡 (사람의)나이, 연령 快…了 kuài…le 곧 ~이 되다

比我小一岁。 나보다 한 살 어려.

Tā bǐ wǒ dà.
她比我大。 걔는 나보다 나이가 많아.

Dìdi bǐ wǒ gāo.
弟弟比我高。 남동생은 나보다 키가 커.

Yáng Yáng bǐ Zhìmín dà sì suì.
杨洋比智旻大四岁。 양양은 지민이보다 네 살 많아.

기본	A＋比＋B＋술어(형용사)
확장	A＋比＋B＋술어(형용사)＋수량사

比는 '~보다', '~에 비하여'라는 의미로 비교를 나타내고 주로 '주어+比+비교대상+술어(형용사)'의 형태로 쓰여요. 형용사 뒤에 수량사를 넣어 구체적인 차이를 표현할 수 있어요.

你有没有兄弟姐妹? 너 형제 있어?

Nǐ máng bu máng?
你忙不忙? 너 바빠?

Nǐ lèi bu lèi?
你累不累? 너 피곤해?

Zhè shì bu shì nǐ de?
这是不是你的? 이거 네 거야?

정반의문문	주어＋술어＋不/没＋술어

정반 의문문은 술어(동사, 형용사)의 긍정과 부정을 연이어 사용한 형식의 의문문을 말해요. 이러한 형식의 의문문에는 의문조사 吗를 사용할 수 없어요.

단어

高 gāo 형 높다, (키가)크다

1 A 有 B 。　A는 B가 있어.

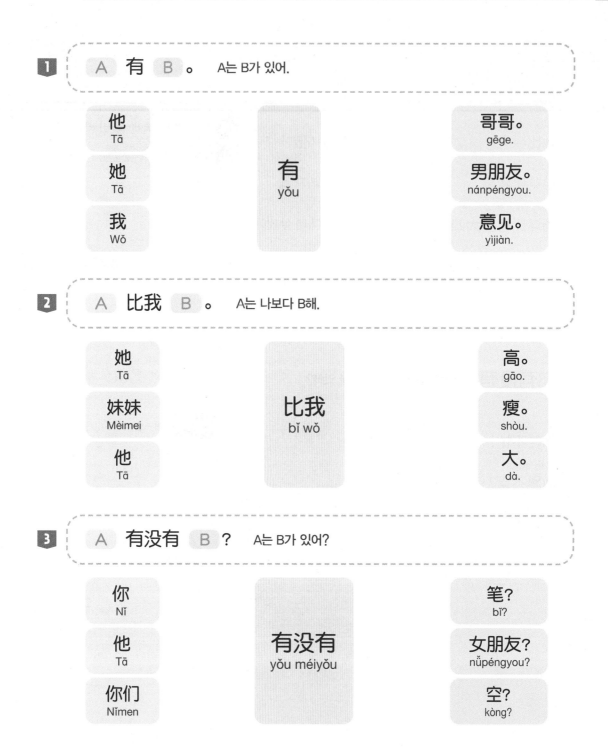

他
Tā

她
Tā

我
Wǒ

有
yǒu

哥哥。
gēge.

男朋友。
nánpéngyou.

意见。
yìjiàn.

2 A 比我 B 。　A는 나보다 B해.

她
Tā

妹妹
Mèimei

他
Tā

比我
bǐ wǒ

高。
gāo.

瘦。
shòu.

大。
dà.

3 A 有没有 B ?　A는 B가 있어?

你
Nǐ

他
Tā

你们
Nǐmen

有没有
yǒu méiyǒu

笔?
bǐ?

女朋友?
nǚpéngyou?

空?
kòng?

단어

哥哥 gēge 명 형, 오빠　男朋友 nánpéngyou 명 남자친구　意见 yìjiàn 명 의견, 불만　瘦 shòu 형 마르다　女朋友 nǚpéngyou 명 여자친구　笔 bǐ 명 펜　空 kòng 명 틈, 짬, 겨를

10 챈트

❶
Nǐ jiā yǒu jǐ kǒu rén?
你家有几口人？

❷
Wǒ jiā yǒu sì kǒu rén.
我家有四口人。

❸
Nǐ dìdi duō dà le?
你弟弟多大了？

❹
Tā bǐ wǒ xiǎo yí suì.
他比我小一岁。

❶
Tā shì xuésheng ma?
他是学生吗？

❷
Tā búshì xuésheng.
他不是学生。

❸
Nǐ yǒu shíjiān ma?
你有时间吗？

❹
Nǐ yǒu méiyǒu kòng?
你有没有空？

MP3 03-06

1 녹음을 듣고 발음에 주의하며 따라 읽어 보세요.

> yǒu   suì   dìdi   hé   jiā   māma   xiōngdì   xiǎo
>
> bàba   jǐ   duō   méiyǒu   dàxuéshēng   dà   jiěmèi   bǐ

2 녹음을 듣고 빈칸에 알맞은 한어병음을 써 보세요.

❶ Nǐ ＿＿＿＿＿ ＿＿＿＿＿ ＿＿＿＿＿ ＿＿＿＿＿ ＿＿＿＿＿ ?

❷ Nǐ ＿＿＿＿＿ ＿＿＿＿＿ ＿＿＿＿＿ le?

❸ ＿＿＿＿＿ ＿＿＿＿＿, ＿＿＿＿ wǒ ＿＿＿＿＿ ＿＿＿＿＿ ＿＿＿＿.

❹ ＿＿＿＿＿, wǒ shì ＿＿＿＿＿＿.

3 녹음을 듣고 잘못된 부분에 밑줄을 긋고 바르게 고쳐 보세요.

> 예   Tā shì dàsuéshēng ma?   (xué   )

❶ Bàba, māma, dìdi huǒ wǒ.   (   )

❷ Nǐ dìdi dē dà le?   (   )

❸ Èrshí suì, bǐ wǒ shǎo yí suì.   (   )

❹ Méiyǒu, wǒ shì dúshēngnǚ.   (   )

4 뜻을 보고 알맞은 한어병음과 한자를 연결해 보세요.

몇	●	●	yǒu	●	●	和
얼마나	●	●	dà	●	●	多
(나이가)적다, 작다	●	●	hé	●	●	有
있다, 가지고 있다	●	●	suì	●	●	比
세, 살	●	●	jǐ	●	●	大
~에 비하여	●	●	duō	●	●	小
(나이가)많다, 크다	●	●	bǐ	●	●	岁
~와, ~과	●	●	xiǎo	●	●	几

5 단어를 바르게 배열해 문장을 완성해 보세요.

❶ 有 你 口 人 家 几

_____ 너희 가족은 몇 명이야?

❷ 大 了 你 多 弟弟

_____ 남동생은 몇 살이야?

❸ 比 一 岁 二十 小 我 岁

_____ 스무 살, 나보다 한 살 어려.

❹ 他 大学生 是 是

_____ 응, 걔는 대학생이야.

❺ 兄弟 有 你 姐妹 没有

_____ 넌 형제 있어?

6 다음 문장을 중국어로 쓰고 큰 소리로 말해 보세요.

❶ 너희 가족은 몇 명이야?

✎ _____

❷ 우리 가족은 네 명이야.

✎ _____

❸ 아빠, 엄마, 남동생 그리고 나.

✎ _____

❹ 네 남동생은 몇 살이야?

✎ _____

❺ 걔는 나보다 한 살 어려.

✎ _____

❻ 걔는 대학생이야?

✎ _____

7 다음 문장을 따라 쓰고 반복해서 읽어 보세요.

❶ 我没有时间。

❷ 你有几本书？

❸ 她比我大两岁。

❹ 哥哥比我高。

❺ 你有没有兄弟姐妹？

❻ 这是不是你的？

플러스 표현

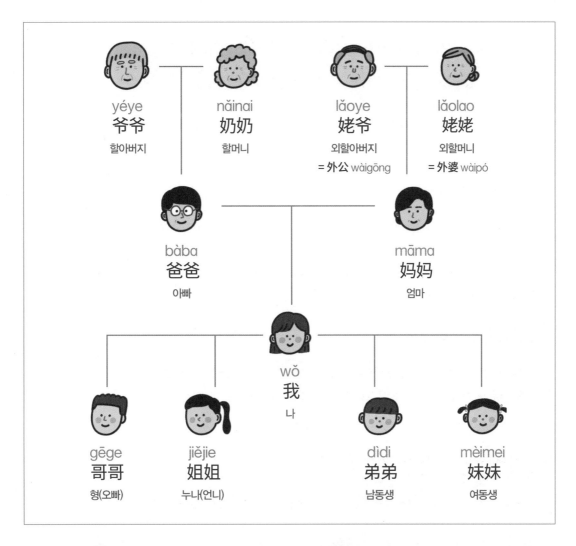

yéye
爷爷
할아버지

nǎinai
奶奶
할머니

lǎoye
姥爷
외할아버지
= 外公 wàigōng

lǎolao
姥姥
외할머니
= 外婆 wàipó

bàba
爸爸
아빠

māma
妈妈
엄마

wǒ
我
나

gēge
哥哥
형(오빠)

jiějie
姐姐
누나(언니)

dìdi
弟弟
남동생

mèimei
妹妹
여동생

 丈夫 zhàngfu 남편

 妻子 qīzi 아내

 儿子 érzi 아들

 女儿 nǚ'ér 딸

중국어에는 존댓말이 없어서 호칭도 자유롭다?

한국에서는 학교나 직장에서 선후배를 부를 때 보통 '선배', '후배'라는 호칭을 사용하거나, 직함을 붙여 부르죠? 그렇다면 존대 표현이 발달하지 않은 중국에서는 어떤 호칭을 사용할까요?

학교에서의 호칭 문화

❶ 학교에서 선후배를 부를 때는 성별에 따라 호칭이 달라져요. 남자 선배를 '学哥'라고 부르지 않는다는 점 꼭 기억해 주세요.

▶ 学姐 xué jiě 여자 선배　　▶ 学长 xué zhǎng 남자 선배

▶ 学妹 xué mèi 여자 후배　　▶ 学弟 xué dì 남자 후배

직장에서의 호칭 문화

❶ 직위나 직급이 명확하고 예의를 갖춰야 하는 상대인 경우 직급만 부르거나 성+직급으로 불러요.

▶ 张总经理 Zhāng zǒngjīnglǐ 장 대표님　　▶ 李老师 Lǐ lǎoshī 이 선생님

▶ 王老板 Wáng lǎobǎn 왕 사장님　　▶ 刘总 Liú zǒng 류 대표님

❷ 직장에서는 선배를 부를 때는 나이가 비슷하면 이름을 부르고, 나이 차이가 많지 않은 경우에는 성 뒤에 '哥'나 '姐'를 붙여 부르는 경우가 많아요.

▶ 陈哥 Chén gē 성이 천 씨인 남자 선배　　▶ 李姐 Lǐ jiě 성이 이 씨인 여자 선배

❸ 중장년층 사이에서 서로를 부를 때는 老+성으로 부르고, 자신보다 어린 사람을 부를 때는 이름을 부르거나 小+성으로 불러요.

▶ 老王 Lǎo Wáng　　▶ 老李 Lǎo Lǐ　　▶ 小张 Xiǎo Zhāng　　▶ 小王 Xiǎo Wáng

• '절친'을 중국어로?

> 젊은 세대를 중심으로 가족처럼 가깝고 친밀한 관계를 나타낼 때 쓰는 단어가 있는데 바로 '闺密 guīmì' 와 '兄弟 xiōngdì'입니다. 여자 사이에서 아주 가까운 절친을 부를 때 '闺蜜', 남자 사이에서 절친을 부를 땐 '兄弟'를 쓰는데, 지역에 따라 '哥们儿 gēmenr'이나 '姐们儿 jiěmenr'을 쓰기도 해요.

4

오늘 금요일이야.

今天星期五。

토닥토닥 응원 메시지

心想事成 생각한 대로 이루어지다

여러분은 중국어를 왜 공부하시나요? 좋아하는 연예인 때문일 수도 있고, 중국어 자격증을 따기 위해서일 수도 있어요. 그 이유가 무엇이든 이 책으로 중국어를 공부하면서 여러분이 마음속으로 그리는 모든 일이 이루어지기를 바라요. **心想事成**! 생각한 대로 이루어져라!

心想事成 xīn xiǎng shì chéng 간절히 바라면 이루어진다

월	화	수	목	금	토	일
				1	2	3
4	5	6	7	오늘 8	9	10
11	12	지인이 생일 13	14	15	16	17
18	19	20	21	22		
25	26	27	28	29	30	

10월

1 보기에서 알맞은 단어를 골라 빈칸에 써 보세요.

> 보기   比   几   和   有   多   大   了   没有

❶ 몇 [   ]   ❷ 있다 [   ]

❸ (나이가) 많다 [   ]   ❹ ~과, ~와 [   ]

❺ ~보다 [   ]   ❻ 없다 [   ]

2 다음 문장을 완성해 보세요.

❶ 너희 가족은 몇 명이야?   你家_____?

❷ 네 명이야. 아빠, 엄마, 남동생, 그리고 나.

四口人。_____、_____、弟弟_____我。

❸ 남동생은 몇 살이야?   你弟弟_____?

❹ 걔는 나보다 한 살 어려.   他_____我_____一_____。

3 빈칸에 알맞은 말을 써 보세요.

1	2	3	4	5	6	7	8	9	10
一	二	三	四				八		十
		sān	sì	wǔ		qī	bā		

❶ 123 _____二十三 _____èrshísān

❷ 108 一百____八   yìbǎi_____bā

❸ 1004 _____四 _____sì

今天	jīntiān	명	오늘
星期	xīngqī	명	요일, 주
星期五	xīngqīwǔ		금요일
的	de	조	~의
生日	shēngrì	명	생일
月	yuè	명	월, 달
号	hào	명	일(日)
下周	xià zhōu	명	다음주
周三	zhōu sān		수요일
那天	nàtiān	대	그날
想	xiǎng	조동	~하고 싶다, ~하려 하다
做	zuò	동	하다
空	kòng	명	틈, 짬, 겨를
的话	dehuà	조	~하다면
跟	gēn	전접	~와, ~과
一起	yìqǐ	부	같이, 함께
玩儿	wánr	동	놀다
没问题	méi wèntí	동	문제없다, 괜찮다

1 오늘 무슨 요일이야?

> xīngqī
> xīngqī jǐ
> Jīntiān xīngqī jǐ?
> 今天星期几?

2 네 생일은 몇 월 며칠이야?

> jǐ yuè jǐ hào
> shēngrì shì jǐ yuè jǐ hào
> Nǐ de shēngrì shì jǐ yuè jǐ hào?
> 你的生日是几月几号?

3 다음주 수요일이지?

> zhōu sān
> xià zhōu sān
> Shì xià zhōu sān ba?
> 是下周三吧?

4 그날 뭐 하고 싶어?

> xiǎng
> xiǎng zuò shénme
> Nàtiān nǐ xiǎng zuò shénme?
> 那天你想做什么?

杨洋　Jīntiān xīngqī jǐ?
　　　今天星期几?

朴智旻　Jīntiān xīngqīwǔ.
　　　今天星期五。

杨洋　Nǐ de shēngrì shì jǐ yuè jǐ hào?
　　　你的生日是几月几号?

朴智旻　Shí yuè shísān hào.
　　　十月十三号。

杨洋　Shì xià zhōu sān ba? Nàtiān nǐ xiǎng zuò shénme?
　　　是下周三吧? 那天你想做什么?

朴智旻　Yǒu kòng dehuà, wǒ xiǎng gēn nǐ yìqǐ qù wánr.
　　　有空的话，我想跟你一起去玩儿。

杨洋　Hǎo, méi wèntí.
　　　好，没问题。

05 회화 해설

날짜

杨洋   Jīntiān xīngqī jǐ?

今天星期几?

오늘 무슨 요일이야?

朴智旻   Jīntiān xīngqīwǔ.

今天星期五。

오늘 금요일이야.

杨洋   Nǐ de shēngrì shì jǐ yuè jǐ hào?

你的生日是几月几号?

네 생일은 몇 월 며칠이야?

朴智旻   Shí yuè shísān hào.

十月十三号。

10월 13일.

杨洋   Shì xià zhōu sān ba? Nàtiān nǐ xiǎng zuò shénme?

是下周三吧? 那天你想做什么?

다음주 수요일이지? 그날 뭐 하고 싶어?

> 是…吧?는 '~인 거지?' 혹은 '~이 맞지?'라는 의미로, 추측을 나타내요.
> 周는 '주', '요일' 이라는 의미로 星期대신 사용할 수 있어요. 앞에 上, 这, 下를 붙여 上周(지난 주), 这周(이번 주), 下周(다음 주)로 쓰여요.

朴智旻   Yǒu kòng dehuà, wǒ xiǎng gēn nǐ yìqǐ qù wánr.

有空的话，我想跟你一起去玩儿。

시간 되면 너랑 같이 놀러 가고 싶어.

> 'A+跟+B+一起'는 'A는 B 와 함께'라는 의미로 쓰여요.

杨洋   Hǎo, méi wèntí.

好，没问题。

좋아, 괜찮아.

今天星期几? 오늘 무슨 요일이야?

그저께	어제	오늘	내일	모레
前天 qiántiān	昨天 zuótiān	今天 jīntiān	明天 míngtiān	后天 hòutiān

Jīntiān yǒu kè ma?
今天有课吗?　오늘 수업 있어?

Wǒ míngtiān yǒu kǎoshì.
我明天有考试。　나는 내일 시험 있어.

Hòutiān shì nǐ de shēngrì ma?
后天是你的生日吗?　내일모레가 네 생일이야?

시간명사는 주어 혹은 부사어로 쓰여 주어의 앞, 뒤에 위치할 수 있어요.

今天星期五。 오늘 금요일이야.

월요일	화요일	수요일	목요일	금요일	토요일	일요일
星期一 xīngqīyī	星期二 xīngqī'èr	星期三 xīngqīsān	星期四 xīngqīsì	星期五 xīngqīwǔ	星期六 xīngqīliù	星期天 xīngqītiān

Nǐ xīngqīwǔ yǒu kòng ma?
你星期五有空吗?　너 금요일에 시간 있어?

Xīngqīliù nǐ xiǎng zuò shénme?
星期六你想做什么?　토요일에 너 뭐 하고 싶어?

Xià zhōu yī wǒ hěn máng.
下周一我很忙。　다음주 월요일에 나 바빠.

요일을 말할 때 星期나 周(zhōu) 뒤에 숫자를 붙여 표현하지만, 예외적으로 일요일은 星期天 또는 星期日 (xīngqīrì), 周日(zhōurì)라고 말해요. 나이, 날짜, 시간 등과 같이 명사가 술어 역할을 하는 명사 술어문의 경우 동사 是를 생략할 수 있어요. 단, 특정한 날의 요일을 설명하거나 부정을 할 경우에는 생략할 수 없어요.

단어

课 kè 명 수업, 강의　**考试** kǎoshì 명 동 시험(을 하다)

你的生日是几月几号? 네 생일은 몇 월 며칠이야?

Zhè shì shéi de shǒujī?
这是谁的手机?　　이거 누구 휴대폰이야?

Nà shì nǐ de wèntí.
那是你的问题。　　그건 네 문제야.

Tā shì wǒ (de) péngyou.
他是我（的）朋友。　개는 내 친구야.

구조조사 的는 관형어로 뒤에 있는 명사를 꾸며주는 역할을 하며, 소유나 소속 관계를 나타내요. 가족, 친구, 소속 단체를 나타내는 경우 的는 생략할 수 있어요. 또한 말하는 사람과 듣는 사람이 모두 알고 있거나 앞서 언급되었던 명사의 경우 생략하기도 해요.

你的生日是几月几号? 네 생일은 몇 월 며칠이야?

BTS de yǎnchànghuì shì jǐ yuè jǐ hào?
A : **BTS的演唱会是几月几号?**　　방탄소년단 콘서트는 몇 월 며칠이야?

Bā yuè èrshíbā hào.
B : **八月二十八号。**　　8월 28일.

Xià xīngqīsān shì jǐ hào?
下星期三是几号?　　다음주 수요일은 며칠이야?

중국어의 날짜 표현은 한국어와 마찬가지로 년, 월, 일 순서대로 쓰여요. 월은 月, 일은 号로 말하며 '몇 월 며칠'인지 물을 때는 의문사 几를 사용하여 几月几号로 표현해요.

단어

手机 shǒujī 명 휴대폰　　**问题** wèntí 명 문제, 질문　　**演唱会** yǎnchànghuì 명 콘서트

那天你想做什么? 그날 너 뭐 하고 싶어?

Nǐ xiǎng chī shénme?
你想吃什么?　　너 뭐 먹고 싶어?

Wǒ xiǎng wánr yóuxì.
我想玩儿游戏。　나 게임 하고 싶어.

Wǒ bù xiǎng shuìjiào.
我不想睡觉。　　나 자고 싶지 않아.

| 긍정 | 주어 ＋ 想 ＋ 술어(동사) ＋ 목적어 |
| 부정 | 주어 ＋ 不想 ＋ 술어(동사) ＋ 목적어 |

조동사 想은 '~하고 싶다'는 의미로 바람, 희망을 나타내며 항상 동사 앞에 위치해요. 不想은 '~하고 싶지 않다'는 의미로 부정을 나타내요.

有空的话，我想跟你一起去玩儿。
시간 되면, 나 너랑 같이 놀러 가고 싶어.

Nǐ bú qù dehuà, wǒ yě bú qù.
你不去的话，我也不去。　　네가 안 가면 나도 안 가.

Rúguǒ yǒu shíjiān dehuà, yìqǐ chī fàn ba.
如果有时间的话，一起吃饭吧。　시간 있으면 같이 밥 먹자.

Jīntiān méiyǒu kòng dehuà, míngtiān qù ba.
今天没有空的话，明天去吧。　오늘 시간 없으면 내일 가자.

| 기본 | A ＋ 的话, … |
| 확장 | 如果A ＋ 的话, … |

的话는 '~이라면'의 뜻으로 가정·가설을 나타내는 조사에요. '만일, 만약'이라는 뜻을 가진 접속사 如果와 자주 쓰이지만, 如果는 종종 생략하기도 해요.

단어

吃 chī 동 먹다　游戏 yóuxì 명 게임, 놀이　玩游戏 wán yóuxì 게임을 하다　睡觉 shuìjiào 동 자다　吃饭 chī fàn 동 밥을 먹다　如果 rúguǒ 접 만약, 만일

MP3 04-04

---

1 | A | 是星期 | B | 。   A는 B요일이야.

明天
Míngtiān

十六号
Shíliù hào

她的生日
Tā de shēngrì

是星期
shì xīngqī

二。
èr.

四。
sì.

天。
tiān

---

2 我想 | A | 。   나는 A하고 싶어.

我想
Wǒ xiǎng

休息。
xiūxi

吃饭。
chī fàn.

睡觉。
shuìjiào.

---

3 | A | 的话，| B | 。   A하다면 B해.

有空
Yǒu kòng

无聊
Wúliáo

你不去
Nǐ bú qù

的话，
de huà

一起吃饭吧。
yìqǐ chī fàn ba.

跟我一起去玩儿吧。
gēn wǒ yìqǐ qù wánr ba.

我也不去。
wǒ yě bú qù.

단어

休息 xiūxi 명 동 휴식(하다)   **无聊** wúliáo 형 심심하다, 무료하다

①

Jīntiān xīngqī jǐ?

今天星期几?

②

Jīntiān xīngqīwǔ.

今天星期五。

③

Míngtiān jǐ yuè jǐ hào?

明天几月几号?

④

Míngtiān sì yuè liù hào.

明天四月六号。

①

Nǐ xiǎng zuò shénme?

你想做什么?

②

Wǒ xiǎng wánr yóuxì.

我想玩游戏。

③

Yìqǐ chī fàn ba.

一起吃饭吧。

④

Wǒ bù xiǎng chī fàn.

我不想吃饭。

11 연습문제

1 녹음을 듣고 발음에 주의하며 따라 읽어 보세요.

> zuò wánr shēngrì kòng hào gēn xiǎng de
>
> yuè huà zhōu yìqǐ xīngqī jīntiān xià wèntí

2 녹음을 듣고 빈칸에 알맞은 한어병음을 써 보세요.

❶ _____ _____ jǐ?

❷ Nǐ _____ _____ shì jǐ _____ jǐ _____ ?

❸ Shì _____ _____ _____ _____ ?

❹ Yǒu _____ _____, wǒ _____ _____ nǐ _____ ____ _____ .

3 녹음을 듣고 잘못된 부분에 밑줄을 긋고 바르게 고쳐 보세요.

> 예 <u>Hào</u>, méi wèntí.   (Hǎo)

❶ Jīntiān xīnqī jǐ?   (   )

❷ Nǐ de sēngrì shì jǐ yuè jǐ hòu?   (,   )

❸ Shì shà zhōu sān ba?   (   )

❹ Yǒu còng dehuà, wǒ xiǎng gēn nǐ yìqǐ qù wár.   (,   )

4 뜻을 보고 알맞은 한어병음과 한자를 연결해 보세요.

일, 날	●	●	jīntiān	●	●	做
~하고 싶다	●	●	xiǎng	●	●	今天
하다	●	●	hào	●	●	想
요일, 주	●	●	zuò	●	●	跟
오늘	●	●	gēn	●	●	玩儿
~와, ~과	●	●	xīngqī	●	●	号
같이, 함께	●	●	yìqǐ	●	●	星期
놀다	●	●	wánr	●	●	一起

5 단어를 바르게 배열해 문장을 완성해 보세요.

❶ 五 星期 今天

_____ 오늘 금요일이야.

❷ 几 的 号 是 生日 几 你 月

_____ 네 생일은 몇 월 며칠이야?

❸ 吧 周 是 三 下

_____ 다음주 수요일이지?

❹ 那天 什么 想 做 你

_____ 그날 뭐 하고 싶어?

❺ 一起 跟 有 想 我 的话 你 玩儿 空 去

_____ 시간 되면, 너랑 같이 놀러 가고 싶어.

6 다음 문장을 중국어로 쓰고 큰 소리로 말해 보세요.

❶ 오늘 무슨 요일이야?

✎ _____

❷ 네 생일은 몇 월 며칠이야?

✎ _____

❸ 내 생일은 10월 13일이야.

✎ _____

❹ 넌 뭐 하고 싶어?

✎ _____

❺ 나는 너랑 같이 놀러 가고 싶어.

✎ _____

❻ 좋아, 괜찮아.

✎ _____

7 다음 문장을 따라 쓰고 반복해서 읽어 보세요.

❶ 你星期五有空吗？

....

❷ 明天是几月几号？

....

❸ 下周一我很忙。

....

❹ 星期六你想做什么？

....

❺ 我不想睡觉。

....

❻ 你不去的话，我也不去。

....

플러스 표현

년도 읽기

중국어로 년도를 말할 때에는 숫자를 끊어서 읽어요. 이때 숫자 1은 성조 변화 없이 yī로 발음해요.

èr líng èr yī nián	yī jiǔ jiǔ wǔ nián	yī jiǔ bā bā nián
二零二一年	一九九五年	一九八八年
2021년	1995년	1988년

전화번호 · 방 번호 읽기

중국어로 전화번호나 방 번호를 말할 때에도 숫자를 끊어서 읽어요. 단 1은 yī로 읽지 않고, yāo라고 읽는데, yī라는 발음이 숫자 7의 qī라는 발음과 비슷하게 들리기 때문이에요.

líng yāo líng yāo èr sān sì wǔ liù qī bā	bā líng liù fángjiān	yāo líng qī fángjiān
零幺零 幺二三四 五六七八	八零六房间	幺零七房间
010-1234-5678	806호	107호

버스 번호 읽기

중국어로 버스 번호를 읽을 때에는 번호가 두 자리 이하일 경우 일반적인 숫자와 동일하게 읽어요. 세 자리 이상일 경우에는 전화번호처럼 숫자를 끊어 읽고, 1은 yāo로 발음해요.

bāshíjiǔ lù	yāo yāo èr lù	qī qī sān yāo lù
八十九路	幺幺二路	七七三幺路
89번 버스	112번 버스	7731번 버스

단어

房间 fángjiān 몡 방, 호실, 호수   路 lù 몡 노선

중국은 땅이 넓어서 택배 배송도 오래 걸린다?

중국 온라인 쇼핑몰에서 물건을 주문하면 배송 받을 때까지 얼마나 걸릴까요? 땅이 넓으니 오래 걸리지 않을까요? 답은 No! 온라인 쇼핑이 활성화되기 전에는 물류 시스템이 구축되지 않아 배송이 오래 걸렸고, 택배가 분실되거나 파손되는 경우도 있었어요. 그러나 온라인 쇼핑이 폭발적으로 늘어나면서 물량을 감당하지 못한 물류 업체들이 변화를 시도했고, 현재는 하루에 10억 개가 넘는 택배가 취급되는데, 배송은 평균 1~2일 소요된다고 해요. 그렇다면 중국인들이 가장 선호하는 쇼핑몰은 어디일까요? 한국에도 쿠팡, 옥션, 11번가, 인터파크 등이 있듯이 중국에도 대표적인 e커머스 플랫폼이 있어요. 어떤 플랫폼들이 있는지 지금부터 함께 살펴볼까요?

1 淘宝 Táobǎo 타오바오, 중국 최대의 온라인 쇼핑몰

타오바오는 중국 e커머스 시장에서 80%에 이르는 점유율을 차지하고 있는 알리바바 그룹이 운영하는 오픈마켓이에요. 판매하고 있는 상품이 다른 업체에 비해 훨씬 다양하다 보니, 중국인들은 타오바오를 '만능의 타오바오(万能的淘宝 wànnéng de Táobǎo)'라고 부르기도 해요. 타오바오에는 물건을 구매할 때 판매자와 실시간으로 소통할 수 있는 채팅 기능도 있고, 일부 상점에서는 가격 흥정도 가능해요. 해외판 타오바오로 불리는 알리익스프레스를 통해 우리나라에서도 타오바오의 상품을 주문할 수 있으니 직구에 도전해 보는 건 어떨까요?

2 拼多多 Pīn duōduō 핀둬둬, 압도적 가격 경쟁력을 갖춘 공동구매 어플

분명 같은 상품인데 왜 핀둬둬에서는 더 저렴한 가격에 구매할 수 있는 걸까요? 핀둬둬가 SNS를 기반으로 '공동구매' 전략을 펼쳤기 때문이에요. 공동구매 방식의 가장 큰 장점은 물건을 혼자 구매할 때보다 훨씬 저렴한 가격에 구입할 수 있다는 것! 가격이 저렴하니 점점 더 많은 사람들의 사랑을 받을 수밖에 없겠죠? 2015년 혜성처럼 등장한 이후 불과 몇 년 만에 8억 명이 넘는 이용자를 끌어모을 정도로 중국에서 아주 핫한 e커머스 플랫폼이에요.

3 京东 Jīngdōng 징둥, 로켓 배송 자랑하는 중국판 아마존

중국에도 오늘 주문하고 다음날 바로 받아 볼 수 있는 빠른 배송 서비스를 제공하는 플랫폼이 있어요. 차별화된 배송 시스템을 갖추고 있는 징둥이 그 주인공이에요. 오전 11시 이전에 주문한 상품은 당일 배송이고, 밤 11시 이전에 주문한 상품은 익일 오후 3시 전까지 배송을 완료하는 시스템이라고 해요. 자체 물류 시스템을 구축한 만큼 다른 플랫폼에 비해 품질 관리가 잘 되고 있으며, 엄격한 심사를 통과한 제품만 판매하고 있기 때문에 '믿고 사는 징둥'이라는 이미지로 자리잡게 되었어요.

5

오후에 약속 있어?

下午有约吗?

토닥토닥 응원 메시지

不怕慢，只怕站 조금 늦어도 괜찮아

분명 열심히 공부하는데 아직도 중국어로 말하는 게 어색하고, 제자리걸음하는 것 같은 마음이 들 때가 있나요? 늦어도 괜찮아요. 나만의 속도에 맞춰 꾸준히 한 걸음 한 걸음 나아가다 보면, 어느샌가 결승점에 도착해 있는 내 자신을 발견하게 될 거예요.

不怕慢，只怕站 bú pà màn, zhǐ pà zhàn
늦는 것을 두려워 말고, 멈추는 것을 두려워하라

4과 복습

1 보기에서 알맞은 단어를 골라 빈칸에 써 보세요.

> 보기   跟   的   做   玩儿   星期   一起   号   想

❶ ~하고 싶다 [　　　　]   ❷ 요일, 주 [　　　　]

❸ ~의 [　　　　]   ❹ 하다 [　　　　]

❺ 같이, 함께 [　　　　]   ❻ ~와, ~과 [　　　　]

2 다음 문장을 완성해 보세요.

❶ 오늘 무슨 요일이야?   今天＿＿＿＿＿＿＿？

❷ 내일은 몇 월 며칠이야?   明天＿＿＿月＿＿＿＿？

❸ 내 생일은 10월 13일이야.   我的＿＿＿是＿＿＿＿＿。

❹ 넌 뭐 하고 싶어?   你＿＿＿＿＿什么?

3 빈칸에 알맞은 말을 써 보세요.

그저께	어제	오늘	내일	모레
		今天	明天	后天
qiántiān		jīntiān	míngtiān	

 **단어**

现在	xiànzài	명	지금, 현재
点	diǎn	명	시(時)
分	fēn	양	분
电影	diànyǐng	명	영화
时候	shíhou	명	때, 시각
什么时候	shénme shíhou	대	언제
开始	kāishǐ	동	시작하다, 시작되다
半	bàn	수	반, 절반
喂	wéi	감	여보세요
下午	xiàwǔ	명	오후
约	yuē	명동	약속(하다)
怎么了	zěnme le		무슨 일이야
去	qù	동	가다
看	kàn	동	보다
迪斯尼	Dísīní	명	디즈니
来	lái	동	오다
吧	ba	조	~하자
马上	mǎshàng	부	곧, 즉시
过去	guòqù	동	(지나)가다

1 지금 몇 시야?

jǐ
jǐ diǎn
Xiànzài jǐ diǎn?
现在几点?

2 영화 언제 시작해?

shénme shíhou
shénme shíhou kāishǐ
Diànyǐng shénme shíhou kāishǐ?
电影什么时候开始?

3 12시 반에 시작해.

shí'èr diǎn
shí'èr diǎn bàn
Shí'èr diǎn bàn kāishǐ.
十二点半开始。

4 나 양양이랑 디즈니 영화 보러 갈 거야.

kàn
kàn Dísīní diànyǐng
qù kàn Dísīní diànyǐng
Wǒ gēn Yáng Yáng qù kàn Dísīní diànyǐng.
我跟杨洋去看迪斯尼电影。

朴智旻　Xiànzài jǐ diǎn?
现在几点?

杨洋　Shíyī diǎn líng wǔ fēn.
十一点零五分。

朴智旻　Diànyǐng shénme shíhou kāishǐ?
电影什么时候开始?

杨洋　Shí'èr diǎn bàn kāishǐ.
十二点半开始。

朴智旻　Wéi, Lǐ Xiàn. Xiàwǔ yǒu yuē ma?
喂，李现。下午有约吗?

李现　Méiyǒu a, zěnme le?
没有啊，怎么了?

朴智旻　Wǒ gēn Yáng Yáng qù kàn Dísīní diànyǐng, nǐ yě lái ba.
我跟杨洋去看迪斯尼电影，你也来吧。

李现　Hǎo de, wǒ mǎshàng guòqù.
好的，我马上过去。

시간

朴智旻	Xiànzài jǐ diǎn?
	现在几点?
	지금 몇 시야?

杨洋	Shíyī diǎn líng wǔ fēn.
	十一点零五分。
	11시 5분.

朴智旻	Diànyǐng shénme shíhou kāishǐ?
	电影什么时候开始?
	영화 언제 시작하는데?

杨洋	Shí'èr diǎn bàn kāishǐ.
	十二点半开始。
	12시 반에 시작해.

朴智旻	Wéi, Lǐ Xiàn. Xiàwǔ yǒu yuē ma?
	喂，李现。下午有约吗?
	여보세요, 리셴. 오후에 약속 있어?

喂의 원래 성조는 4성(wèi)으로 '어이', '이봐'와 같이 사람을 부르는 소리로 쓰이지만, 전화를 받을 때는 2성(wéi)으로 발음해요.
约는 '약속(하다)'라는 의미로 실제 생활에서 많이 사용하는 단어 중 하나예요.

李现	Méiyǒu a, zěnme le?
	没有啊，怎么了?
	없는데, 왜?

怎么了는 '무슨 일이야?'라는 의미로 상대방의 상황이나 상태를 확인할 때 사용해요.

朴智旻	Wǒ gēn Yáng Yáng qù kàn Dísīní diànyǐng, nǐ yě lái ba.
	我跟杨洋去看迪斯尼电影，你也来吧。
	나 양양이랑 디즈니 영화 보러 갈 건데, 너도 와.

李现	Hǎo de, wǒ mǎshàng guòqù.
	好的，我马上过去。
	그래, 바로 갈게.

马上은 '곧, 즉시'라는 의미로 곧 일어날 일을 이야기할 때 사용해요.

现在几点? 지금 몇 시야?

시	분	30분/반	~전/모자라다
点 diǎn	分 fēn	半 bàn	差 chà

2:00	两点 liǎng diǎn	2:30	两点半/两点三十分 liǎng diǎn bàn/liǎng diǎn sānshí fēn
2:08	两点零八分 liǎng diǎn líng bā fēn	2:45	两点四十五分/差十五分三点 liǎng diǎn sìshíwǔ fēn/chà shíwǔ fēn sān diǎn
2:15	两点十五分 liǎng diǎn shíwǔ fēn	2:55	两点五十五分/差五分三点 liǎng diǎn wǔshíwǔ fēn/chà wǔ fēn sān diǎn

중국어의 시간 표현은 한국어와 비슷해요. 시간을 물을 때는 의문대명사 几를 사용해서 '现在几点?'이라고 표현해요. 2시를 표현할 때는 '二点'이 아니라 '两点'으로 표현해요. 10분 미만의 시간을 표현할 때는 숫자 앞에 '0(零)'을 붙여 표현하고 10분 이상의 시간을 표현할 때는 '분(分)'을 생략하기도 해요.

电影什么时候开始? 영화 언제 시작해?

Nǐ shénme shíhou huílái?
你什么时候回来?　　너 언제 돌아와?

Wǒmen shénme shíhou zài jiànmiàn?
我们什么时候再见面?　　우리 언제 다시 만나?

Zhíbō shénme shíhou jiéshù?
直播什么时候结束?　　라이브 방송 언제 끝나?

의문대명사 什么时候는 '무엇, 무슨'의 什么와 '때, 시점'의 时候가 결합된 단어로 '언제'에 해당하며 동작의 특정한 시점을 물을 때 사용해요.

단어

回来 huílái 통 돌아오다　　**见面** jiànmiàn 통 만나다　　**直播** zhíbō 명 통 라이브 방송(을 하다)　　**结束** jiéshù 통 끝나다, 마치다

下午有约吗? 오후에 약속 있어?

새벽	아침	오전	점심	오후	저녁
凌晨 língchén	早上 zǎoshang	上午 shàngwǔ	中午 zhōngwǔ	下午 xiàwǔ	晚上 wǎnshang

Nǐ jǐ diǎn qǐchuáng?
A : 你几点起床?　　　　너 몇 시에 일어나?

Wǒ zǎoshang qī diǎn qǐchuáng.
B : 我早上七点起床。　　나 아침 7시에 일어나.

Jīntiān jǐ diǎn kāishǐ shàngkè?
A : 今天几点开始上课?　오늘 몇 시에 수업 시작해?

Jīntiān xiàwǔ yī diǎn bàn kāishǐ shàngkè.
B : 今天下午一点半开始上课。　오늘 오후 1시 반에 수업 시작해.

시간 표현 앞에 오전(上午), 오후(下午)와 같은 시간명사를 넣어 구체적인 시간을 표현할 수 있어요.

我跟杨洋去看迪斯尼电影。 나 양양이랑 디즈니 영화 보러 가.

Wǒ gēn péngyoumen yǒu ge yuē.
我跟朋友们有个约。　나 친구들이랑 약속이 있어.

기본	A＋跟＋B＋술어(동사)＋목적어
확장	A＋跟＋B＋一起＋술어(동사)＋목적어

Wǒ gēn tā fēnshǒu le.
我跟她分手了。　나 그녀와 헤어졌어.

Wǒ xiǎng gēn nǐ tántan.
我想跟你谈谈。　나 너랑 얘기하고 싶어.

전치사 跟은 '~와, ~과'의 의미로 명사와 명사를 연결할 때 사용해요. 'A＋跟＋B＋一起'의 구조로도 자주 쓰여요.

단어

起床 qǐchuáng 동 일어나다, 기상하다　**上课** shàngkè 동 수업을 하다　**分手** fēnshǒu 동 헤어지다, 이별하다　**谈** tán 동 말하다, 이야기하다

我跟杨洋去看迪斯尼电影。 나 양양이랑 디즈니 영화 보러 가.

Tā měitiān qù yùndòng.
他每天去运动。　　　　개는 매일 운동하러 가.

Wǒmen qù Hànbǎowáng chī hànbǎo ba.
我们去汉堡王吃汉堡吧。　우리 버거킹 가서 햄버거 먹자.

Wǒ méiyǒu shíjiān kàn diànyǐng.
我没有时间看电影。　　나 영화 볼 시간이 없어.

두 개 이상의 동사를 연이어 사용하는 문장을 '연동문'이라고 해요. 연동문은 동작의 발생 순서에 따라 나열해요. 동사 来나 去는 목적어 없이 동사2를 바로 연결할 수 있어요. 또한 부정을 나타내는 부정부사 不나 没는 일반적으로 동사1 앞에 놓여요.

긍정	주어 ＋ 술어1(동사) ＋ 목적어1 ＋ 술어2(동사) ＋ 목적어2
부정	주어 ＋ 不/没 ＋ 술어1(동사) ＋ 목적어1 ＋ 술어2(동사) ＋ 목적어2

你也来吧。 너도 와.

Zánmen zǒu ba.
咱们走吧。　　　　우리 가자.

Qù Xīngbākè hē kāfēi ba.
去星巴克喝咖啡吧。　스타벅스 가서 커피 마시자.

吧는 '~하자, ~합시다'의 의미로 문장 끝에 쓰여 청유, 권유의 의미를 나타내요. 때로는 '~이지?'라는 의미로 쓰여 추측의 어기를 나타내기도 해요.

Yáng Yáng shì dàxuéshēng ba?
杨洋是大学生吧?　　양양은 대학생이지?

Tā shì nǐ gēge ba?
他是你哥哥吧?　　그는 네 오빠지?

단어

运动 yùndòng 명 동 운동(하다)　汉堡王 Hànbǎowáng 명 버거킹　汉堡 hànbǎo 명 햄버거　走 zǒu 동 걷다, 가다　星巴克 Xīngbākè 명 스타벅스　咖啡 kāfēi 명 커피

1　我　A　起床。　나는 A에 일어나.

| 我
Wǒ | 七点
qī diǎn

六点十五分
liù diǎn shíwǔ fēn

早上八点半
zǎoshang bā diǎn bàn | 起床。
qǐchuáng. |

2　A　什么时候　B ?　A는 언제 B해?

| 电影
Diànyǐng

我们
Wǒmen

他们
Tāmen | 什么时候
shénme shíhou | 开始?
kāishǐ?

再见面?
zài jiànmiàn?

回来?
huílái? |

3　我们一起去　A　吧。　우리 같이 A하러 가자.

| 我们一起去
Wǒmen yìqǐ qù | 逛街
guàng jiē

看电影
kàn diànyǐng

玩游戏
wán yóuxì | 吧。
ba. |

단어

逛街 guàng jiē 통 아이쇼핑하다

❶

Xiànzài jǐ diǎn?

现在几点？

❷

Liǎng diǎn líng wǔ fēn.

两点零五分。

❸

Nǐ jǐ diǎn qǐchuáng?

你几点起床？

❹

Wǒ qī diǎn qǐchuáng.

我七点起床。

❶

Shénme shíhou kāishǐ?

什么时候开始？

❷

Shénme shíhou huílái?

什么时候回来？

❸

Yìqǐ kàn diànyǐng ba.

一起看电影吧。

❹

Yìqǐ chūqù wánr ba.

一起出去玩儿吧。

MP3 05-06

1 녹음을 듣고 발음에 주의하며 따라 읽어 보세요.

> diànyǐng   ba   le   xiàwǔ   kāishǐ   zěnme   fēn   kàn
>
> lái   shíhou   yuē   xiànzài   bàn   qù   mǎshàng   wéi

2 녹음을 듣고 빈칸에 알맞은 한어병음을 써 보세요.

❶ _____ jǐ _____ ?

❷ _____ shénme _____ _____ ?

❸ Shíyī _____ _____ wǔ _____ .

❹ _____ _____ , _____ le?

❺ Wǒ _____ Yáng Yáng _____ _____ _____ , nǐ yě _____ ba.

3 녹음을 듣고 잘못된 부분에 밑줄을 긋고 바르게 고쳐 보세요.

> 예 Shíyī diǎn líu wǔ fēn.   (líng)

❶ Xiànjài jǐ diǎn?   (   )

❷ Diànyǐng shénme shíhuò kāishǐ?   (   )

❸ Xiàwǔ yǒu yē ma?   (   )

❹ Wǒ mǎshàng guòqǜ.   (   )

4 뜻을 보고 알맞은 한어병음과 한자를 연결해 보세요.

보다	●	●	diǎn	●	●	现在
시(時)	●	●	yuē	●	●	马上
곧, 즉시	●	●	kàn	●	●	时候
오다	●	●	shíhou	●	●	来
지금, 현재	●	●	lái	●	●	开始
시작하다	●	●	mǎshàng	●	●	看
때, 시각	●	●	xiànzài	●	●	点
약속하다	●	●	kāishǐ	●	●	约

5 단어를 바르게 배열해 문장을 완성해 보세요.

❶ 点 　 十一 　 五 　 零 　 分

_____ 11시 5분이야.

❷ 时候 　 什么 　 开始 　 电影

_____ 영화 언제 시작해?

❸ 约 　 有 　 吗 　 下午

_____ 오후에 약속 있어?

❹ 也 　 你 　 吧 　 看 　 来 　 去 　 我 　 电影 　 杨洋 　 跟

_____ 나 양양이랑 영화 보러 갈 건데, 너도 와.

❺ 好 　 过去 　 我 　 的 　 马上

_____ 그래, 바로 갈게.

6 다음 문장을 중국어로 쓰고 큰 소리로 말해 보세요.

❶ 지금 몇 시야?

✎ ....

❷ 언제 시작해?

✎ ....

❸ 오후에 약속 있어?

✎ ....

❹ 나 영화 보러 갈 거야.

✎ ....

❺ 너도 와.

✎ ....

❻ 우리 같이 영화 보러 가자.

✎ ....

7 다음 문장을 따라 쓰고 반복해서 읽어 보세요.

❶ 你几点起床?

....

❷ 我早上八点半起床。

....

❸ 他们什么时候回来?

....

❹ 我跟朋友们有个约。

....

❺ 我们一起去玩游戏吧。

....

❻ 我想跟你一起去看电影，你也来吧。

....

dòngzuò piàn
动作片

액션

kǒngbù piàn
恐怖片

공포

xǐjù piàn
喜剧片

코미디

àiqíng piàn
爱情片

멜로/로맨스

zhēntàn piàn
侦探片

탐정/추리

kēhuàn piàn
科幻片

SF

gēwǔ piàn
歌舞片

뮤지컬

qíhuàn piàn
奇幻片

판타지

jīngsǒng piàn
惊悚片
=惊险片 jīngxiǎn piàn

스릴러

zhànzhēng piàn
战争片

전쟁

màoxiǎn piàn
冒险片

어드벤처

jìlù piàn
纪录片

다큐멘터리

중국에서는 '어벤져스'를 '복수자연맹'이라고 부른다?

중국에서는 외국어를 발음 그대로 표기하지 않는 경우가 많아요. 표음문자인 한국어는 들리는 그대로 표기하는 것이 어렵지 않지만, 표의문자인 중국어는 그렇지 않기 때문이에요. 중국어의 이러한 특징은 영화 제목에서도 찾아볼 수 있는데, 어떤 재미있는 영화 제목들이 있는지 함께 살펴볼까요?

총동원(总动员)이 들어간 제목

▷ 美食总动员 (미식 총동원) Měishí zǒngdòngyuán 라따뚜이
▷ 玩具总动员 (완구 총동원) Wánjù zǒngdòngyuán 토이스토리
▷ 海底总动员 (해저 총동원) Hǎidǐ zǒngdòngyuán 니모를 찾아서
▷ 超人总动员 (초인 총동원) Chāorén zǒngdòngyuán 인크레더블

협객(侠)이 들어간 제목

▷ 钢铁侠 (강철 협객) Gāngtiě xiá 아이언맨
▷ 蜘蛛侠 (거미 협객) Zhīzhū xiá 스파이더맨
▷ 蝙蝠侠 (박쥐 협객) Biānfú xiá 베트맨

마블(漫威 Mànwēi) 영화 제목

▷ 复仇者联盟 (복수자 연맹) Fùchóu zhě liánméng 어벤져스
▷ 美国队长 (미국 대장) Měiguó duìzhǎng 캡틴아메리카
▷ 雷神 (번개의 신) Léishén 토르
▷ 黑寡妇 (검은 미망인) Hēi guǎfù 블랙 위도우
▷ 绿巨人 (녹색 거인) Lǜ jùrén 헐크
▷ 奇异博士 (기이한 박사) Qíyì bóshì 닥터 스트레인지

기타 재미있는 제목

▷ 疯狂动物城 (미쳐 날뛰는 동물들의 도시) Fēngkuáng dòngwù chéng 주토피아
▷ 终结者 (종결자) Zhōngjiézhě 터미네이터
▷ 变形金刚 (변형 금강) Biànxíng jīngāng 트랜스포머
▷ 正义联盟 (정의 연맹) Zhèngyì liánméng 저스티스리그

6

미세먼지가 심해.

雾霾很严重。

 토닥토닥 응원 메시지

半途而废 이렇게 포기할 수 없어!

벌써 교재의 중간까지 열심히 달려왔어요. 지금까지 멈추지 않고 열심히 공부한 여러분에게 박수를 쳐주고 싶어요! 짝짝짝! 여기까지 왔는데 그만둘 수는 없겠죠? 갈수록 더 재미있고 신선한 내용이 기다리고 있으니 우리 조금만 더 힘내요!

半途而废 *bàntú'érfèi* 하던 일을 도중에 그만두다

5과 복습

1 보기에서 알맞은 단어를 골라 빈칸에 써 보세요.

> **보기** 开始 现在 约 来 看 时候 去 马上

❶ 곧, 즉시 ⬚

❷ 약속하다 ⬚

❸ 가다 ⬚

❹ 때, 시각 ⬚

❺ 시작하다 ⬚

❻ 보다 ⬚

2 다음 문장을 완성해 보세요.

❶ 지금 몇 시야?

_____几_____?

❷ 영화 언제 시작해?

_____什么_____?

❸ 오후에 약속 있어?

_____吗?

❹ 나 양양이랑 영화 보러 갈 건데, 너도 와.

我_____杨洋_____电影，你也_____。

3 빈칸에 알맞은 말을 써 보세요.

새벽	아침	오전	점심	오후	저녁
凌晨	早上		中午		
língchén			zhōngwǔ		

2:30	点	点	分	12:45	点	分
9:08	点		分	6:17	点	分

天气	tiānqì	명	날씨
怎么样	zěnmeyàng	대	어때, 어떤가요
太	tài	부	아주, 매우, 너무
雾霾	wùmái	명	미세먼지
严重	yánzhòng	형	심각하다
出门	chūmén	동	외출하다
一定	yídìng	부	꼭, 반드시
要	yào	초동	～해야 한다
戴	dài	동	쓰다, 착용하다
口罩	kǒuzhào	명	마스크
听说	tīngshuō	동	듣는 바로는 ～이라 한다
明天	míngtiān	명	내일
一直	yìzhí	부	내내, 줄곧, 계속해서
下雨	xiàyǔ	동	비가 오다
这几天	zhè jǐ tiān		요즘, 요 며칠
还是	háishi	부	～하는 편이 더 좋다
在	zài	전	～에, ～에서
奈飞	Nàifēi	명	넷플릭스(Netflix)
好主意	Hǎo zhǔyì		좋은 생각이야
主意	zhǔyi	명	생각, 의견, 방법

1 오늘 날씨 어때?

tiānqì
tiānqì zěnmeyàng
Jīntiān tiānqì zěnmeyàng?
今天天气怎么样?

2 나갈 때 꼭 마스크 써야 해.

dài kǒuzhào
yào dài kǒuzhào
Chūmén yídìng yào dài kǒuzhào.
出门一定要戴口罩。

3 내일 계속 비 온대.

xiàyǔ
yìzhí xiàyǔ
Tīngshuō míngtiān yìzhí xiàyǔ.
听说明天一直下雨。

4 집에서 넷플릭스나 보자.

kàn
zài jiā kàn
zài jiā kàn Nàifēi
Háishi zài jiā kàn Nàifēi ba.
还是在家看奈飞吧。

朴智旻 Jīntiān tiānqì zěnmeyàng?
今天天气怎么样?

杨洋 Jīntiān tiānqì bú tài hǎo. Wùmái hěn yánzhòng.
今天天气不太好。雾霾很严重。

朴智旻 Chūmén yídìng yào dài kǒuzhào.
出门一定要戴口罩。

杨洋 Tīngshuō míngtiān yìzhí xiàyǔ.
听说明天一直下雨。

朴智旻 Zhè jǐ tiān háishi zài jiā kàn Nàifēi ba.
这几天还是在家看奈飞吧。

杨洋 Hǎo zhǔyì.
好主意。

날씨

朴智旻	Jīntiān tiānqì zěnmeyàng? **今天天气**怎么样? 오늘 날씨 어때?	怎么样은 '어때?'라는 의미로 문장 끝에 쓰여 상황이 어떤지 묻거나, 제안를 한 뒤 상대방의 의견을 물어볼 때 사용해요.
杨洋	Jīntiān tiānqì bú tài hǎo. Wùmái hěn yánzhòng. **今天天气**不太好。**雾霾很严重。** 오늘 날씨 별로야. 미세먼지가 심해.	不太好는 '그다지 좋지 않다', '별로다'라는 의미로 자신의 감정이나 평가가 만족스럽지 않을 때 사용해요. '별로다'라고 의견을 말하고 싶을 때에는 '不怎么样'이라는 표현을 사용할 수도 있어요.
朴智旻	Chūmén yídìng yào dài kǒuzhào. 出门一定要戴口罩。 나갈 때 꼭 마스크 써야 해.	一定要는 '반드시 ~해야 한다'라는 의미로 의무나 강한 필요성을 나타내요.
杨洋	Tīngshuō míngtiān yìzhí xiàyǔ. 听说明天一直下雨。 내일 계속 비 온대.	一直는 '줄곧, 계속'이라는 뜻을 가진 단어로, 어떤 동작이 과거부터 현재까지 쭉 진행되었음을 나타내요.
朴智旻	Zhè jǐ tiān háishi zài jiā kàn Nàifēi ba. 这几天还是在家看奈飞吧。 요 며칠 동안은 집에서 넷플릭스나 보자.	这几天은 '몇'이라는 의미를 가진 几를 사용하여 '요즘, 요 며칠'이라는 의미로 쓰여요.
杨洋	Hǎo zhǔyì. 好主意。 좋은 생각이야.	好主意는 '좋은 생각이야'라는 의미로 상대방의 말에 동의할 때 사용해요.

今天天气不太好。 오늘 날씨 별로야.

매우	대단히	제일	특별히	너무	별로	비교적	조금
很 hěn	非常 fēicháng	最 zuì	特别 tèbié	太…了 tài…le	不太 bú tài	比较 bǐjiào	有点儿 yǒudiǎnr

Wǒ tài lèi le.
我太累了。   나 너무 지쳤어.

Zuìjìn tèbié xiǎng qù lǚxíng.
最近特别想去旅行。   요즘 특히 여행 가고 싶어.

Jīnnián xiàtiān fēicháng rè.
今年夏天非常热。   올해 여름은 정말 더워.

정도부사는 술어(동사/형용사) 앞에 쓰여 성질이나 상태의 정도를 나타낼 때 사용해요. 太는 주로 어기조사 了와 함께 쓰여 말하는 사람의 주관적인 견해나 감정을 표현하며 정도가 지나치거나 심함을 나타내요. '조금'의 의미를 가진 有点儿은 부정적인 뉘앙스로 불만족스러운 심리를 나타내요.

出门一定要戴口罩。 나갈 때 꼭 마스크 써야 해.

Jīnnián yídìng yào jiǎnféi!
今年一定要减肥!   올해는 꼭 다이어트 할 거야!

Nǐ yídìng yào gàosu wǒ.
你一定要告诉我。   너 꼭 나한테 알려줘야 해.

Chī fàn qián yídìng yào xǐshǒu.
吃饭前一定要洗手。   밥 먹기 전에 꼭 손을 씻어야 해.

一定은 말하는 사람의 주관적인 확신이나 의지를 나타내며 '분명히', '반드시', '꼭'이라는 부사로 조동사 혹은 동사 앞에 쓰여요.

단어

旅行 lǚxíng 명 동 여행(하다)   夏天 xiàtiān 명 여름   热 rè 형 덥다   减肥 jiǎnféi 동 살을 빼다   告诉 gàosu 동 알리다, 말하다   前 qián 명 이전, 그전   洗手 xǐshǒu 동 손을 씻다

出门一定要戴口罩。 나갈 때 꼭 마스크 써야 해.

Nǐ yào xiǎoxīn diǎnr.
你要小心点儿。   너 조심해야 돼.

Nǐ yào shǎo hē jiǔ.
你要少喝酒。   너 술 줄여야 해.

Dàjiā yídìng yào jìzhù!
大家一定要记住!   모두 반드시 기억하세요!

要는 조동사로 '~해야 한다'는 의미로 강한 의무나 필요성을 나타내고, 부사 一定과 자주 호응해서 사용해요.

听说明天一直下雨。 내일 계속 비 온대.

Tīngshuō tā yǒu liǎng ge dìdi.
听说她有两个弟弟。   듣자 하니 그녀는 남동생이 둘이래요.

Tīngshuō zhè bù diànyǐng zuìjìn hěn huǒ.
听说这部电影最近很火。   이 영화가 요즘 핫하대.

Tīng tiānqì yùbào shuō, zhōumò guā dàfēng.
听天气预报说，周末刮大风。   일기예보를 들어 보니, 주말에 바람이 많이 분대.

听说는 '듣자 하니, 듣기로는'의 의미로 들은 내용이나 정보를 다른 사람에게 전달할 때 사용해요. 听…说는 '~가 말하는 것을 들으니'라는 의미로 자주 쓰여요.

단어

小心 xiǎoxīn 통 조심하다   **(一)点儿** yìdiǎnr 양 조금, 약간   **少** shǎo 부 적게, 조금, 작작   **酒** jiǔ 명 술   **记住** jìzhù 통 기억하다   **部** bù 양 부[서적·영화 등을 세는 양사]   **火** huǒ 형 인기 있다, 핫하다   **天气预报** tiānqì yùbào 명 일기예보   **刮风** guāfēng 통 바람이 불다   **刮大风** guā dàfēng 바람이 많이 불다

听说明天一直下雨。 내일 계속 비 온대.

Wǒ yìzhí hěn xiǎng qù kàn hǎi.
我一直很想去看海。 난 줄곧 바다 보러 가고 싶었어.

Wǒ yìzhí xiǎng wèn nǐ.
我一直想问你。 전부터 너한테 물어보고 싶었어.

Tā yìzhí zài děng nǐ de diànhuà.
他一直在等你的电话。 그는 줄곧 네 전화를 기다리고 있어.

一直는 '줄곧, 계속해서'의 의미로 어떤 동작이 과거부터 현재까지 쭉 진행되고 있음을 나타내요.

这几天还是在家看奈飞吧。 요 며칠 동안은 집에서 넷플릭스나 보자.

기본 (주어)＋还是＋A＋吧

Háishi wǒ lái ba.
还是我来吧。 내가 하는 게 낫겠어.

Wǒmen háishi zuò dìtiě ba.
我们还是坐地铁吧。 우리 지하철 타는 게 낫겠어.

Háishi diǎn wài mài ba.
还是点外卖吧。 그냥 배달 음식이나 시키자.

还是…吧는 '~하는 편이 낫다'는 의미로 선택할 수 있는 사물이나 상황을 비교한 후 좀 더 나은 방향으로 결정을 내릴 때 자주 쓰여요.

단어

海 hǎi 명 바다 问 wèn 동 묻다, 질문하다 在 zài 부 ~하고 있는 중이다 等 děng 동 기다리다 电话 diànhuà 명 전화 来 lái 동 (동작이나 행동을) 하다 坐 zuò 동 앉다, 타다 地铁 dìtiě 명 지하철 点外卖 diǎn wàimài 배달 음식을 시키다

1 今天天气 A 热。 오늘 날씨가 A 더워.

今天天气
Jīntiān tiānqì

特别
tèbié

有点儿
yǒudiǎnr

非常
fēicháng

热。
rè.

2 A 一定要 B 。 A는 꼭 B해야 해.

你
Nǐ

你们
Nǐmen

大家
Dàjiā

一定要
yídìng yào

等我。
děng wǒ.

记住。
jìzhù.

戴口罩。
dài kǒuzhào.

3 还是 A 吧。 A하는 게 낫겠어.

还是
Háishi

我来
wǒ lái

打车
dǎ chē

早点儿回去
zǎo diǎnr huíqù

吧。
ba.

단어

打车 dǎ chē 택시를 타다   早 zǎo 형 이르다, 빠르다   一点儿 yìdiǎnr 양 조금   早点儿 zǎo diǎnr 좀 일찍   回去 huíqù 통 돌아가다

①
Jīntiān tiānqì zěnmeyàng?
今天天气怎么样?

②
Jīntiān tiānqì bú tài hǎo.
今天天气不太好。

③
Míngtiān tiānqì tèbié rè.
明天天气特别热。

④
Hòutiān tiānqì yǒudiǎnr lěng.
后天天气有点儿冷。

①
Nǐ yào xiǎoxīn diǎnr.
你要小心点儿。

②
Nǐ yídìng yào jìzhù.
你一定要记住。

③
Háishi wǒ lái ba.
还是我来吧。

④
Háishi huíqù ba.
还是回去吧。

연습문제

1 녹음을 듣고 발음에 주의하며 따라 읽어 보세요.

> zěnmeyàng háishi chūmén zài yánzhòng dài yìzhí zhè
>
> kǒuzhào wùmái tīngshuō yào tiānqì yídìng zhǔyì xiàyǔ

2 녹음을 듣고 빈칸에 알맞은 한어병음을 써 보세요.

❶ Jīntiān _____ _____ ?

❷ Jīntiān _____ _____ _____ _____. _____ hěn _____.

❸ _____ _____ yào _____ kǒuzhào.

❹ _____ míngtiān _____ _____.

❺ _____ jǐ _____ _____ _____ jiā kàn _____ ba.

3 녹음을 듣고 잘못된 부분에 밑줄을 긋고 바르게 고쳐 보세요.

> 예 Hǎo jǔyì.   (zhǔ)

❶ Jīntiān tiānchì zěnmeyàng?   (   )

❷ Wùmái hěn yǎnzhòng.   (   )

❸ Chūmén yídiàn yào dài kǒuzhào.   (   )

❹ Tīngshuō míngtiān yìjǐ xiàü.   (,   )

4 뜻을 보고 알맞은 한어병음과 한자를 연결해 보세요.

～에, ～에서 ●	● yídìng ●	● 天气
어때, 어떤가요 ●	● háishi ●	● 怎么样
날씨 ●	● zhè ●	● 一直
～해야 한다 ●	● yào ●	● 在
내내, 줄곧 ●	● zài ●	● 还是
이, 이것 ●	● tiānqì ●	● 这
～하는 편이 더 좋다 ●	● zěnmeyàng ●	● 一定
꼭, 반드시 ●	● yìzhí ●	● 要

5 단어를 바르게 배열해 문장을 완성해 보세요.

❶ 今天 | 怎么样 | 天气

_____ 오늘 날씨 어때?

❷ 不 | 雾霾 | 今天 | 好 | 天气 | 很 | 太 | 严重

_____ 오늘 날씨 별로야. 미세먼지가 심해.

❸ 要 | 口罩 | 出门 | 戴 | 一定

_____ 나갈 때 꼭 마스크 써야 해.

❹ 一直 | 听说 | 下雨 | 明天

_____ 내일 계속 비 온대.

❺ 在 | 奈飞 | 吧 | 几天 | 看 | 这 | 还是 | 家

_____ 요 며칠 동안은 집에서 넷플릭스나 보자.

6 다음 문장을 중국어로 쓰고 큰 소리로 말해 보세요.

❶ 오늘 날씨 어때?

✎ ....

❷ 오늘 날씨 별로야.

✎ ....

❸ 오늘 날씨 덥다.

✎ ....

❹ 나갈 때 꼭 마스크 써야 해.

✎ ....

❺ 내일은 계속 비 온대.

✎ ....

❻ 내가 하는 게 낫겠어.

✎ ....

7 다음 문장을 따라 쓰고 반복해서 읽어 보세요.

❶ 今天天气怎么样?

....

❷ 今天天气不太好。雾霾很严重。

....

❸ 今年夏天非常热。

....

❹ 出门一定要戴口罩。

....

❺ 今年一定要减肥!

....

❻ 我一直很想去看海。

....

rè
热

덥다

lěng
冷

춥다

nuǎnhuo
暖和

따뜻하다

liángkuai
凉快

시원하다

qínglǎng
晴朗

맑다

yīn
阴

흐리다

duōyún
多云

구름이 많다

guāfēng
刮风

바람이 불다

xiàxuě
下雪

눈이 내리다

xiàyǔ
下雨

비가 오다

cháoshī
潮湿

습하다

gānzào
干燥

건조하다

중국판 넷플릭스가 있다?

중국판 넷플릭스라고 불리는 아이치이(爱奇艺 Àiqíyì)는 중국 최대 규모의 포털사이트인 바이두(百度 Bǎidù)의 자회사로, 중국 최초로 VIP 유료 회원 1억 명을 달성한 영상 서비스 플랫폼이에요. 예능이나 드라마, 영화뿐만 아니라 애니메이션에서 어린이 프로그램까지 여러 카테고리를 선보이고 있어요. 특히 최근에는 한국어 버전도 출시되어 한국에서도 다양한 중국 드라마와 영화를 자막과 함께 즐길 수 있게 되었어요. 그럼 지금부터 한국에서 볼 수 있는 아이치이 오리지널 드라마 몇 편을 소개해 드릴게요.

액션&어드벤처를 좋아한다면?	스토리+연기+연출 삼박자를 모두 갖춘 웰메이드 스릴러	Liǎobùqǐ de nǚhái 了不起的女孩 료불기적여해
세련된 현대물을 좋아한다면?	상하이를 배경으로 두 여성의 일과 사랑, 우정을 다룬 중국판 가십걸	Chóngqǐ zhī jíhǎi tīng léi 重启之极海听雷 중계지극해청뢰
달달한 로코를 좋아한다면?	고대 무덤에 숨겨진 비밀을 파헤치는 도굴꾼들의 흥미진진한 모험기	Yǐnmì de jiǎoluò 隐秘的角落 은비적각락 (나쁜 아이들)
범죄&스릴러를 좋아한다면?	선남선녀 주연 배우들의 완벽한 케미가 돋보이는 오피스 로코물	Bàn shì mìtáng bàn shì shāng 半是蜜糖半是伤 반시밀당반시상

7

삼성페이 가능한가요?

可以用三星支付吗?

 토닥토닥 응원 메시지

我支持你! 당신을 응원할게요!
이제 교재의 후반부를 시작하게 된 여러분! 오랜만에 책
을 폈다 해도 괜찮아요. 다시 시작하는 내 자신에게 응
원의 한마디를 건네는 것은 어떨까요? 상대가 잘되길 바
라는 마음을 전하고 싶을 때 할 수 있는 응원의 말이 있
어요. 我支持你! 언제나 여러분을 응원할게요.

支持 zhīchí 지지하다

1 보기에서 알맞은 단어를 골라 빈칸에 써 보세요.

보기   这   听说   一直   一定   戴   还是   要   在

❶ ~해야 한다 [　　　]　　❷ 내내, 줄곧 [　　　]

❸ ~에, ~에서 [　　　]　　❹ ~하는 편이 더 좋다 [　　　]

❺ 꼭, 반드시 [　　　]　　❻ 이, 이것 [　　　]

2 다음 문장을 완성해 보세요.

❶ 오늘 날씨 어때?　　今天＿＿＿＿＿＿＿＿？

❷ 오늘 날씨 별로야.　　今天＿＿＿＿＿＿＿＿。

❸ 나갈 때 꼭 마스크 써야 해.　　出门＿＿＿＿＿＿＿＿。

❹ 내일은 계속 비 온대.　　＿＿＿＿明天＿＿＿＿＿＿＿。

❺ 요 며칠 동안은 집에서 넷플릭스나 보자.　　＿＿＿＿＿＿＿看奈飞吧。

3 빈칸에 알맞은 말을 써 보세요.

매우	대단히	제일	특별히
很			
hěn	fēicháng		

너무	별로	비교적	조금
太…了		比较	
tài…le			

买	mǎi	동	사다
了	le	조	동작이나 상황의 완료를 나타냄
件	jiàn	양	벌[옷을 세는 양사], 건[사건을 세는 양사]
基础款	jīchǔ kuǎn	명	베이직 아이템, 기본 스타일[=基本款(jīběn kuǎn)]
T恤	Txù	명	티셔츠
不错	búcuò	형	좋다, 괜찮다
网购	wǎnggòu	동	인터넷 쇼핑을 하다[=网上购物(wǎngshàng gòuwù)]
又…又	yòu…yòu		~하면서도 ~하다
好看	hǎokàn	형	보기 좋다, 근사하다
便宜	piányi	형	싸다, 저렴하다
要	yào	동	원하다, 바라다
口红	kǒuhóng	명	립스틱
还	hái	부	또, 더
其他	qítā	명	기타, 그 외
颜色	yánsè	명	색, 색깔
但	dàn	접	그러나, 그렇지만
觉得	juéde	동	~라고 생각하다
更	gèng	부	더욱, 더
适合	shìhé	동	알맞다, 적합하다
支	zhī	양	개, 자루, 개피[가늘고 긴 물건을 세는 양사]
都	dōu	부	다, 모두
一共	yígòng	부	모두, 전부, 합계
多少	duōshao	대	몇, 얼마
钱	qián	명	돈
微信	Wēixìn	명	위챗[중국판 카카오톡]
支付宝	Zhīfùbǎo	명	알리페이[중국판 페이팔, 간편 결제 서비스]
可以	kěyǐ	조동	~할 수 있다
用	yòng	동	쓰다, 사용하다
三星支付	Sānxīng zhīfù	명	삼성페이
当然	dāngrán	부	물론, 당연히

1 나 티셔츠 몇 벌 샀어.

> mǎi
> mǎile
> mǎile jǐ jiàn
> Wǒ mǎile jǐ jiàn Txù.
> 我买了几件T恤。

2 이 립스틱 정말 예쁘다!

> hǎokàn
> tài hǎokàn le
> Zhè kǒuhóng tài hǎokàn le!
> 这口红太好看了!

3 모두 얼마예요?

> duōshao
> duōshao qián
> Yígòng duōshao qián?
> 一共多少钱?

4 삼성페이 가능한가요?

> yòng
> yòng Sānxīng zhīfù
> Kěyǐ yòng Sānxīng zhīfù ma?
> 可以用三星支付吗?

회화

집에서

杨洋　Wǒ mǎile jǐ jiàn jīchǔ kuǎn Txù, zěnmeyàng?
　　　我买了几件基础款T恤，怎么样？

李现　Búcuò ma! Shì wǎnggòu de ma?
　　　不错嘛！是网购的吗？

杨洋　Shì de, yòu hǎokàn yòu piányi.
　　　是的，又好看又便宜。

李现　Wǒ yě yào mǎi yí jiàn!
　　　我也要买一件！

쇼핑몰에서

朴智旻　Zhè kǒuhóng tài hǎokàn le! Hái yǒu qítā yánsè ma?
　　　　这口红太好看了！还有其他颜色吗？

服务员　Yǒu fěnsè de, dàn wǒ juéde hóngsè gèng shìhé nín.
　　　　有粉色的，但我觉得红色更适合您。

朴智旻　Liǎng zhī wǒ dōu yào, yígòng duōshao qián?
　　　　两支我都要，一共多少钱？

服务员　Sānbǎiliù. Wēixìn háishi Zhīfùbǎo?
　　　　三百六。微信还是支付宝？

朴智旻　Kěyǐ yòng Sānxīng zhīfù ma?
　　　　可以用三星支付吗？

服务员　Dāngrán kěyǐ.
　　　　当然可以。

집에서

杨洋	Wǒ mǎile jǐ jiàn jīchǔ kuǎn Txù, zěnmeyàng? **我买了几件基础款T恤，怎么样?** 나 데일리로 입을 티셔츠 몇 벌 샀는데, 어때?	件은 옷을 세는 양사로 '벌'의 의미로 쓰여요.
李现	Búcuò ma! Shì wǎnggòu de ma? **不错嘛! 是网购的吗?** 괜찮은데! 인터넷으로 산 거야?	嘛는 문장 끝에 붙여 확신의 어조로 뚜렷한 사실을 강조할 때 쓰여요.
杨洋	Shì de, yòu hǎokàn yòu piányi. **是的，又好看又便宜。** 응, 예쁘기도 하고 저렴해.	是的는 상대의 말에 동의를 나타낼 때 쓰는 표현이에요.
李现	Wǒ yě yào mǎi yí jiàn! **我也要买一件!** 나도 한 벌 살래!	

쇼핑몰에서

朴智旻	Zhè kǒuhóng tài hǎokàn le! Hái yǒu qítā yánsè ma? **这口红太好看了! 还有其他颜色吗?** 이 립스틱 정말 예쁘네요! 다른 컬러도 있나요?	太…了는 '너무 ~하다'라는 뜻으로 주관적으로 정도가 지나침을 나타낼 때 사용해요. 还는 '또, 더'라는 뜻으로 수량이 증가하거나 범위가 확대됨을 나타내요.
服务员	Yǒu fěnsè de, dàn wǒ juéde hóngsè gèng shìhé nín. **有粉色的，但我觉得红色更适合您。** 핑크도 있는데, 레드가 더 잘 어울리시는 거 같아요.	但는 '그러나, 그렇지만'의 의미로 앞 문장과 뒤의 문장이 반대되는 관계를 나타내요.
朴智旻	Liǎng zhī wǒ dōu yào, yígòng duōshao qián? **两支我都要，一共多少钱?** 둘 다 할게요. 모두 얼마예요?	两은 숫자2를 나타내는 수사로 양사와 결합하는 경우 二 대신 两을 사용해요. 多少钱은 물건의 값을 물어볼 때 사용하는 말로 怎么卖로 바꿔 표현할 수 있어요.
服务员	Sānbǎiliù. Wēixìn háishi Zhīfùbǎo? **三百六。微信还是支付宝?** 360위안입니다. 위챗페이로 결제하시나요, 알리페이로 결제하시나요?	
朴智旻	Kěyǐ yòng Sānxīng zhīfù ma? **可以用三星支付吗?** 삼성페이 가능한가요?	'사용하다'라는 뜻을 가진 用은 '用+명사+동사'의 구조로 자주 사용되며 '(사물)로 ~하다' 혹은 '(사물)을 사용해서 ~하다'라는 의미로 사용해요.
服务员	Dāngrán kěyǐ. **当然可以。** 물론 가능합니다.	

我买了几件基础款T恤。 나 데일리로 입을 티셔츠 몇 벌 샀어.

Wǒ dúle yì běn shū.
我读了一本书。 나는 책을 한 권 읽었어.

Tā chīle liǎng wǎn mǐfàn.
她吃了两碗米饭。 그녀는 밥을 두 그릇 먹었어.

Wǒ mǎile yí bù Píngguǒ shǒujī.
我买了一部苹果手机。 나 아이폰 한 대 샀어.

긍정	주어＋술어(동사)＋了＋관형어＋목적어
부정	주어＋没＋술어(동사)＋목적어

동태조사 了는 동작의 완료를 나타내며 술어(동사) 뒤에 위치해요. 목적어 앞에 수량사나 관형어 등이 있을 때는 '주어+술어(동사)+了+수량사/관형어+목적어'의 형태로 쓰여요. 부정을 나타낼 때는 동사 앞에 没를 붙이고, 이때 了와 수량사는 사용하지 않아요.

Tā hēle yì bēi nǎichá.
她喝了一杯奶茶。 걔는 밀크티 한 잔 마셨어.

Tā méi hē niúnǎi.
他没喝牛奶。 걔는 우유 안 마셨어.

又好看又便宜。 예쁘기도 하고 저렴해.

Tā yòu gāo yòu shuài.
他又高又帅。 걔는 키도 크고 잘생겼어.

Píngguǒ yòu xiāng yòu tián, hěn hǎochī.
苹果又香又甜，很好吃。 사과가 향긋하고 달아서 정말 맛있어.

Wàimian yòu guāfēng yòu xiàyǔ.
外面又刮风又下雨。 밖에 바람도 불고 비도 와.

又…又…는 두 가지 동작이나 상황, 성질의 공존을 나타내는 표현으로, '～하고 ～하다'라고 해석할 수 있어요. 여기서 두 가지 동작이나 상황은 공존하는 것이지 동시에 진행되는 것은 아니에요.

기본	又＋술어(동사/형용사)＋又＋술어(동사/형용사)

단어

读 dú 통 읽다　碗 wǎn 양 그릇[그릇·공기·사발 등을 세는 양사]　米饭 mǐfàn 명 쌀밥　部 bù 양 대[기계를 세는 양사]　苹果 píngguǒ 명 사과　苹果手机 Píngguǒ shǒujī 명 아이폰　奶茶 nǎichá 명 밀크티　牛奶 niúnǎi 명 우유　帅 shuài 형 멋지다, 잘생기다　香 xiāng 형 향기롭다, 맛있다　甜 tián 형 달다, 달콤하다　好吃 hǎochī 형 맛있다　外面 wàimian 명 바깥, 밖

我也要买一件! 나도 한 벌 살래!

Wǒ yào mǎi gǔpiào.
我要买股票。 나 주식 살 거야.

Wǒ yào xuéxí Hànyǔ.
我要学习汉语。 나 중국어 배울 거야.

Wǒ bù xiǎng shàngbān.
我不想上班。 나 출근하고 싶지 않아.

긍정	주어 + 要 + 술어(동사)+목적어
부정	주어 + 不想 + 술어(동사)+목적어

조동사 要는 '~할 것이다', '~하려고 하다'라는 의미로 염원과 굳은 의지를 나타내요. 부정 표현은 不想을 사용하는데, 不要는 '~하지 마라'라는 의미로 금지나 명령을 나타내기 때문이에요.

我觉得红色更适合您。 레드가 더 잘 어울리시는 거 같아요.

Nǐ juéde zěnmeyàng?
你觉得怎么样? 네 생각은 어때?

Zhìmín juéde zìjǐ méiyǒu cuò.
智旻觉得自己没有错。 지민이는 자기가 잘못이 없다고 생각해.

Wǒ juéde méiguī yìmiàn hěn hǎochī.
我觉得玫瑰意面很好吃。 난 로제파스타가 아주 맛있다고 생각해.

기본	주어 + 觉得 + 생각/느낌

觉得는 '~라고 생각하다', '~라고 느끼다'라는 의미로 자신의 생각이나 느낌을 표현할 때 주로 사용해요.

단어

股票 gǔpiào 명 주식　学习 xuéxí 명동 공부(하다)　汉语 Hànyǔ 명 중국어　上班 shàngbān 동 출근하다　自己 zìjǐ 대 자기, 자신　错 cuò 명 잘못, 틀림, 착오　玫瑰 méiguī 명 장미　意面(=意大利面) yìmiàn 명 파스타, 스파게티　玫瑰意面 méiguī yìmiàn 명 로제파스타

三百六。 360위안입니다.

중국의 화폐인 인민폐(人民币rénmínbì)의 단위는 말할 때와 글로 쓸 때가 달라요. 가장 보편적으로 쓰이는 화폐 단위는 元이고, 角와 分은 한국의 10원과 1원처럼 점점 쓰이지 않고 있어요.

글말	元 yuán	角 jiǎo	分 fēn
입말	块 kuài	毛 máo	分 fēn

1) 금액이 한 단위일 경우 끝에 钱을 붙여 말할 수 있어요.
  예) 00.05元 五分钱 wǔ fēn qián 　　 50元 五十块钱 wǔ shí kuài qián

2) 금액 중간에 0이 나오면 단위를 생략하고 零으로 표현해요.
  예) 6.05元 六块零五分 liù kuài líng wǔ fēn 　　 45.03元 四十五块零三分 sìshíwǔ kuài líng sān fēn

3) 마지막 화폐 단위는 생략할 수 있어요.
  예) 10.9元 十块九 shí kuài jiǔ 　　 150元 一百五 yì bǎi wǔ

4) 금액과 수량을 함께 표현할 때는 '수량+금액' 혹은 '금액+수량'으로 쓸 수 있어요.
  예) 一个二十块 yíge èrshí kuài 　　 二十块一个 èrshí kuài yí ge

可以用三星支付吗? 삼성페이 가능한가요?

Suíshí dōu kěyǐ.
随时都可以。　　 언제라도 괜찮아.

Wǒ kěyǐ dǎ ge diànhuà ma?
我可以打个电话吗?　　 전화 한 통만 해도 될까?

Zhèr bù néng tíngchē.
这儿不能停车。　　 여기 주차하면 안 돼.

긍정	주어 + 可以 + 술어(동사)+목적어
부정	주어 + 不能 + 술어(동사)+목적어

可以는 허락이나 허가를 나타내며 '~해도 좋다', '~해도 된다'는 의미로 쓰여요. 부정은 不能으로 표현해요.

단어

随时 suíshí 부 언제나, 아무 때나　　 打电话 dǎ diànhuà 동 전화하다　　 这儿 zhèr 대 여기, 이곳　　 停车 tíngchē 동 정차하다, 차를 세우다

1 我 A 了 B 。 나는 B를 A했어.

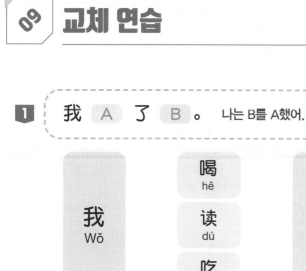

我 Wǒ	喝 hē	了 le	一瓶啤酒。 yì píng píjiǔ.
	读 dú		一本书。 yì běn shū.
	吃 chī		两碗米饭。 liǎng wǎn mǐfàn.

2 A 又 B 又 C 。 A는 B하고 C해.

他 Tā	又 yòu	高 gāo	又 yòu	帅。 shuài.
今天 Jīntiān		刮风 guāfēng		下雨。 xiàyǔ.
这件衣服 Zhè jiàn yīfu		好看 hǎokàn		便宜。 piányi.

3 我可以 A 吗? A해도 될까?

我可以 Wǒ kěyǐ	进去 jìnqù	吗? ma?
	下班 xiàbān	
	打个电话 dǎ ge diànhuà	

단어

啤酒 píjiǔ 몡 맥주 **衣服** yīfu 몡 옷 **进去** jìnqù 통 들어가다 **下班** xiàbān 통 퇴근하다

①
Wǒ mǎile jǐ jiàn yīfu.
我买了几件衣服。

②
Yòu hǎokàn yòu piányi.
又好看又便宜。

③
Yígòng duōshao qián?
一共多少钱？

④
Yígòng sānbǎiliù.
一共三百六。

①
Nǐ juéde zěnmeyàng?
你觉得怎么样？

②
Wǒ juéde hěn búcuò.
我觉得很不错。

③
Wǒ kěyǐ jìnqù ma?
我可以进去吗？

④
Wǒ kěyǐ xiàbān ma?
我可以下班吗？

11 연습문제

1 녹음을 듣고 발음에 주의하며 따라 읽어 보세요.

dāngrán búcuò gèng duōshao mǎi Txù kěyǐ dōu

juéde hǎokàn shìhé piányi yòng yánsè qián hái

2 녹음을 듣고 빈칸에 알맞은 한어병음을 써 보세요.

① Wǒ _____ _____ _____ jīchǔ kuǎn _____, _____?

② _____ de, _____ _____ _____ _____.

③ Wǒ _____ hóngsè _____ _____ nín.

④ Liǎng _____ wǒ _____ _____, _____ _____ _____ _____?

⑤ _____ _____ Sānxīng _____ ma?

3 녹음을 듣고 잘못된 부분에 밑줄을 긋고 바르게 고쳐 보세요.

| 예 | Gěnmeyàng? | (zěn) |

① Búcòu ma! Shì wǎngòu de ma? (,)

② Hái yǒu cítā yáncè ma? (,)

③ Yīgòng duōxiǎo qián? (,)

④ Dānglán kěyí. (,)

4 뜻을 보고 알맞은 한어병음과 한자를 연결해 보세요.

또, 더	●	● dōu ●	● 但
~할 수 있다	●	● juéde ●	● 都
원하다, 바라다	●	● kěyǐ ●	● 用
쓰다, 사용하다	●	● dàn ●	● 还
~라고 생각하다	●	● yào ●	● 觉得
그러나, 그렇지만	●	● mǎi ●	● 买
다, 모두	●	● hái ●	● 可以
사다	●	● yòng ●	● 要

5 단어를 바르게 배열해 문장을 완성해 보세요.

❶ 几 基础款 怎么样 我 件 了 T恤 买

_____

나 데일리로 입을 티셔츠 몇 벌 샀는데, 어때?

❷ 颜色 了 还有 吗 好看 这 其他 太 口红

_____

이 립스틱 정말 예쁘네요! 다른 컬러도 있나요?

❸ 适合 有 觉得 粉色 您 的 我 红色 更 但

_____

핑크도 있는데, 레드가 더 잘 어울리시는 거 같아요.

❹ 多少 支 我 一共 钱 两 要 都

_____

둘 다 할게요. 모두 얼마예요?

❺ 吗 可以 三星支付 用

_____

삼성페이 가능한가요?

6 **다음 문장을 중국어로 쓰고 큰 소리로 말해 보세요.**

❶ 예쁘기도 하고 저렴하기도 해.

✎ ....

❷ 나도 한 벌 살래!

✎ ....

❸ 정말 예쁘다!

✎ ....

❹ 모두 얼마예요?

✎ ....

❺ 네 생각은 어때?

✎ ....

❻ 물론 가능합니다.

✎ ....

7 **다음 문장을 따라 쓰고 반복해서 읽어 보세요.**

❶ 我买了几件T恤，怎么样？

❷ 苹果又香又甜，很好吃。

❸ 我要学习汉语。

❹ 太好看了！还有其他颜色吗？

❺ 我觉得红色更适合您。

❻ 两个我都要，一共多少钱？

옷

便裤	biànkù	슬랙스
牛仔裤	niúzǎikù	청바지
打底裤	dǎdǐkù	레깅스
连衣裙	liányīqún	원피스
半身裙	bànshēnqún	스커트
衬衫	chènshān	셔츠
背心	bèixīn	조끼/나시
外套	wàitào	아우터

가방

帆布包	fānbùbāo	캔버스백
手提包	shǒutíbāo	핸드백
单肩包	dānjiānbāo	숄더백
背包	bēibāo	백팩
斜挎包	xiékuàbāo	크로스백
手抓包	shǒuzhuābāo	클러치백
公文包	gōngwénbāo	서류가방
钱包	qiánbāo	지갑

신발

平底鞋	píngdǐxié	플랫슈즈
帆布鞋	fānbùxié	캔버스화
运动鞋	yùndòngxié	운동화
高跟鞋	gāogēnxié	하이힐
懒人鞋	lǎnrénxié	슬립온
靴子	xuēzi	부츠/장화
凉鞋	liángxié	샌들
拖鞋	tuōxié	슬리퍼

화장품

护肤水	hùfūshuǐ	스킨/토너
乳液	rǔyè	로션
防晒霜	fángshàishuāng	썬크림
气垫粉	qìdiànfěn	쿠션팩트
遮瑕膏	zhēxiágāo	컨실러
眉笔	méibǐ	아이브로우
眼线笔	yǎnxiànbǐ	아이라이너
唇彩	chúncǎi	립글로스/틴트

중국에서는 지갑이 필요 없다?

지갑은 없어도 되지만, QR코드는 없으면 안 돼요!

중국에서는 QR코드가 없으면 하루도 살 수 없다고 해도 과언이 아닐 정도로 어디를 가도 QR코드를 스캔하는 모습을 볼 수 있어요. 주로 신용카드를 사용하는 한국과 달리 중국에서는 대부분 QR코드 시스템을 이용할 정도로 QR 사용이 보편화되어 있어요. 중국에서 QR코드를 활용해 어떤 일들을 할 수 있는지 함께 살펴볼까요?

> ▷ 대형 마트와 편의점뿐만 아니라 길거리 노점상에서도 QR코드로 결제할 수 있어요.
> ▷ 지하철, 버스, 택시 등 교통 수단을 이용할 때도 QR코드로 결제할 수 있어요.
> ▷ 식당에서 음식을 주문할 때도 QR코드를 스캔해 편리하게 주문할 수 있어요.
> ▷ 상품에 부착된 QR코드를 스캔하면 상품 정보나 이벤트 행사 등을 확인할 수 있어요.
> ▷ 공연장, 박물관, 미술관 등의 티켓을 구매하거나 정보를 확인할 때도 QR코드를 사용해요.
> ▷ 노래방에서도 스크린의 QR코드를 스캔해 노래를 예약할 수 있어요.
> ▷ 돈을 주고 받을 때도 QR코드를 스캔해 송금할 수 있어요.

이처럼 휴대폰 하나로 QR코드만 스캔하면 모든 것을 할 수 있다 보니, 중국인들은 지갑은 없어도 휴대폰 없이는 살 수 없게 되었어요. 누구나 쉽고 간편하게 이용할 수 있는 QR코드는 중국인들의 일상이 되었답니다.

QR코드 때문에 생긴 재미있는 해프닝

결제가 이루어지는 대부분의 장소에서 QR코드가 쓰이다 보니 재미있는 해프닝이 생기는데요. 음식점에서 현금 결제를 했는데 거스름돈이 부족해 QR코드로 거스름돈을 거슬러 줄 때가 종종 있어요. 그리고 30위안만 결제하면 되는데, 뒤에 0을 하나 더 붙여 300위안을 결제하는 경우가 생기기도 해요.

QR코드와 관련된 중국어 표현

▷ 二维码 èrwéimǎ QR코드
▷ 二维码支付 èrwéimǎ zhīfù QR코드 결제
▷ 扫码 sǎo mǎ QR코드를 스캔하다
▷ 扫码点餐 sǎo mǎ diǎn cān QR코드로 음식을 주문하다

8

난 아이스 아메리카노 마실래.

我要喝冰美式咖啡。

토닥토닥 응원 메시지

坚持到底 끝까지 버텨봅시다!

'지금까지 열심히 중국어를 공부했는데 과연 내가 중국
인과 의사소통을 할 수 있을까?'라는 생각, 해 본 적 있나
요? '할 수 있다'라는 생각을 가지고 중국인과 자유롭게
이야기하는 그날까지 함께 버텨봐요! 이번 과에서는 카
페에서 커피를 주문하는 방법을 배울 거예요. 중국어로
커피를 주문하는 여러분의 모습, 정말 멋질 거예요! 끝까
지 버텨봅시다!

坚持到底 jiānchí dào dǐ 끝까지 포기하지 않고 버티다

7과 복습

1 보기에서 알맞은 단어를 골라 빈칸에 써 보세요.

보기   买   可以   都   要   但   觉得   还   便宜

❶ 싸다, 저렴하다 [　　　] ❷ 다, 모두 [　　　]

❸ 사다 [　　　] ❹ ~라고 생각하다 [　　　]

❺ 원하다, 바라다 [　　　] ❻ 그러나, 그렇지만 [　　　]

2 다음 문장을 완성해 보세요.

❶ 예쁘기도 하고 저렴하기도 해.　_____。

❷ 나도 한 벌 살래!　我也_____!

❸ 정말 예쁘다!　太_____!

❹ 모두 얼마예요?　_____?

❺ 네 생각은 어때?　你_____?

❻ 물론 가능합니다.　当然_____。

3 빈칸에 알맞은 말을 써 보세요.

六块零五分	元	2.22元	块	毛	分
十块九	元	30元			块
两千七百八	元	1004元			块

02 단어

哪儿	nǎr	대	어디, 어느 곳
星巴克	Xīngbākè	명	스타벅스
附近	fùjìn	명	근처, 부근
能	néng	조동	~할 수 있다
帮	bāng	동	돕다
点	diǎn	동	주문하다
杯	bēi	양	잔
咖啡	kāfēi	명	커피
喝	hē	동	마시다
冰	bīng	형	차갑다, 시리다
美式咖啡	měishì kāfēi	명	아메리카노
还是	háishi	접	아니면, 또는
超大	chāo dà		초대형, 오버 사이즈
欢迎光临	huānyíng guānglín		어서 오세요
热	rè	형	뜨겁다, 덥다
拿铁	nátiě	명	라떼
加	jiā	동	넣다, 첨가하다
糖	táng	명	설탕, 시럽
带	dài	동	가지다, 지니다
走	zǒu	동	가다

1 너 어디야?

> zài
> zài nǎr
> Nǐ zài nǎr?
> 你在哪儿?

2 커피 한 잔 대신 시켜 줄 수 있어?

> néng
> néng bāng wǒ
> néng bāng wǒ diǎn yì bēi kāfēi
> Nǐ néng bāng wǒ diǎn yì bēi kāfēi ma?
> 你能帮我点一杯咖啡吗?

3 너 뭐 마실 거야?

> hē
> hē shénme
> yào hē shénme
> Nǐ yào hē shénme?
> 你要喝什么?

4 그란데 사이즈 아니면 톨 사이즈?

> dà bēi
> dà bēi háishi zhōng bēi
> dà bēi de háishi zhōng bēi de
> Nǐ yào dà bēi de háishi zhōng bēi de?
> 你要大杯的还是中杯的?

카페 밖에서

朴智旻 Yáng Yáng, nǐ zài nǎr?
杨洋，你在哪儿?

杨洋 Wǒ zài Xīngbākè fùjìn, nǐ néng bāng wǒ diǎn yì bēi kāfēi ma?
我在星巴克附近，你能帮我点一杯咖啡吗?

朴智旻 Méi wèntí, nǐ yào hē shénme?
没问题，你要喝什么?

杨洋 Wǒ yào hē bīng měishì kāfēi.
我要喝冰美式咖啡。

朴智旻 Nǐ yào dà bēi de háishi zhōng bēi de?
你要大杯的还是中杯的?

杨洋 Yào chāo dà bēi de.
要超大杯的。

카페 안에서

服务员 Huānyíng guānglín! Nín yào diǎn shénme?
欢迎光临! 您要点什么?

李现 Rè nátiě, bù jiā táng, yào zhōng bēi de.
热拿铁，不加糖，要中杯的。

服务员 Zài zhèr hē háishi dài zǒu?
在这儿喝还是带走?

李现 Zài zhèr hē.
在这儿喝。

카페 밖에서

朴智旻	Yáng Yáng, nǐ zài nǎr? **杨洋，你在哪儿？** 양양, 너 어디야?	
杨洋	Wǒ zài Xīngbākè fùjìn, nǐ néng bāng wǒ diǎn yì bēi kāfēi ma? **我在星巴克附近，你能帮我点一杯咖啡吗？** 나 스타벅스 근처인데, 커피 한 잔 대신 시켜 줄 수 있어?	点은 '주문하다'라는 의미를 나타내요.
朴智旻	Méi wèntí, nǐ yào hē shénme? **没问题，你要喝什么？** 그럼, 너 뭐 마실 건데?	
杨洋	Wǒ yào hē bīng měishì kāfēi. **我要喝冰美式咖啡。** 나 아이스 아메리카노 마실게.	要는 '원하다, 필요하다'라는 의미로 음식을 주문할 때도 사용해요. 冰은 '얼음' 혹은 '차갑다'의 의미로 음식 앞에 쓰여 음식의 온도를 나타내요.
朴智旻	Nǐ yào dà bēi de háishi zhōng bēi de? **你要大杯的还是中杯的？** 그런데 사이즈 아니면 톨 사이즈?	
杨洋	Yào chāo dà bēi de. **要超大杯的。** 벤티 사이즈로.	超는 동사로 '초과하다'라는 뜻으로 사용되지만, 동사나 형용사 앞에 쓰이면 '초월한, 범위를 벗어난' 등 영어 'super'의 의미로 사용해요.

카페 안에서

服务员	Huānyíng guānglín! Nín yào diǎn shénme? **欢迎光临！您要点什么？** 어서오세요! 주문하시겠어요?	欢迎光临는 '어서 오세요'라는 표현으로 보통 식당이나 상점에서 사용해요.
李现	Rè nátiě, bù jiā táng, yào zhōng bēi de. **热拿铁，不加糖，要中杯的。** 따뜻한 라떼요. 시럽 넣지 말고 톨 사이즈로요.	热는 '뜨겁다'라는 의미로 음식 앞에 쓰여 음식의 온도를 나타내요. 加 앞에 不를 붙여 '넣지 않다' 혹은 '추가하지 않다'라고 부정 표현을 할 수 있어요.
服务员	Zài zhèr hē háishi dài zǒu? **在这儿喝还是带走？** 드시고 가시나요, 아니면 테이크아웃 하시나요?	
李现	Zài zhèr hē. **在这儿喝。** 여기서 먹고 갈게요.	

你在哪儿? 너 어디야?

Wǒ zài kāfēitīng.
我在咖啡厅。　나 카페에 있어.

Wǒ zài wǎngbā.
我在网吧。　나 PC방에 있어.

동사 용법	주어＋在＋목적어(장소)
전치사 용법	주어＋在＋목적어(장소)＋술어(동사)

동사 在는 '～에 있다'라는 의미로 쓰이고 뒤에 장소 목적어를 가져요. '～에서'의 의미로 쓰이는 전치사 在는 '在+장소'의 형태로 동사 앞에 쓰여요.

Wǒ zài gōngsī jiābān.
我在公司加班。　나 회사에서 야근해.

Tā zài gōngyuán sànbù.
她在公园散步。　걔는 공원에서 산책해.

我在星巴克附近。 나 스타벅스 근처야.

위	아래	앞	뒤	안	밖	오른쪽	왼쪽	옆	맞은편
上边 shàngbian	下边 xiàbian	前边 qiánbian	后边 hòubian	里边 lǐbian	外边 wàibian	右边 yòubian	左边 zuǒbian	旁边 pángbiān	
上面 shàngmian	下面 xiàmian	前面 qiánmian	后面 hòumian	里面 lǐmian	外面 wàimian	右面 yòumian	左面 zuǒmian		对面 duìmiàn

Píjiǔ zài bīngxiāng lǐmian.
啤酒在冰箱里面。　맥주는 냉장고 안에 있어.

Wǒ kěyǐ zuò zài nǐ pángbiān ma?
我可以坐在你旁边吗?　나 네 옆에 앉아도 될까?

Kěndéjī duìmiàn shì Xīngbākè.
肯德基对面是星巴克。　KFC 맞은편이 스타벅스야.

附近은 '근처, 부근'이라는 의미로 방향을 나타내요. 이 외에도 단순 방향사 뒤에 '～쪽'의 의미를 가진 边, 面 등을 붙여 장소나 물건의 방향을 나타낼 수 있어요.

단어

咖啡厅 kāfēitīng 몡 카페　　**网吧** wǎngbā 몡 PC방　　**加班** jiābān 동 야근하다　　**冰箱** bīngxiāng 몡 냉장고　　**肯德基** Kěndéjī 몡 KFC

你能帮我点一杯咖啡吗? 커피 한 잔 대신 시켜 줄 수 있어?

Nǐ néng guòlái yíxià ma?
你能过来一下吗?　　　잠깐 이리로 올 수 있어?

Nǐ néng jiè wǒ diǎn qián ma?
你能借我点钱吗?　　　너 나한테 돈 좀 빌려줄 수 있어?

Nà shì bù néng shuō de mìmì.
那是不能说的秘密。　　그건 말할 수 없는 비밀이야.

긍정	주어 ＋ 能 ＋ 술어(동사)+목적어
부정	주어 ＋ 不能 ＋ 술어(동사)+목적어

조동사 能은 '~해도 된다'라는 뜻으로, 상식적 기준이나 사회적인 통념에서의 허락, 허가를 나타내요.

你能帮我点一杯咖啡吗? 커피 한 잔 대신 시켜 줄 수 있어?

Wǒ lái bāng nǐ tiāo.
我来帮你挑。　　　　　내가 골라 줄게.

Kěyǐ bāng wǒ ná yíxià ma?
可以帮我拿一下吗?　　좀 들어 줄 수 있어?

Zhè shì wǒ péngyou bāng wǒ pāi de zhàopiàn.
这是我朋友帮我拍的照片。　이건 내 친구가 찍어 준 사진이야.

기본	A ＋ 帮 ＋ B
확장	A ＋ 帮 ＋ B ＋ 술어(동사)

동사 帮은 'A+帮+B (A가 B를 돕다)' 혹은 'A+帮+B+술어(동사) (A가 B를 도와 ~해주다)'의 구조로 상대방에게 도움을 주거나 혹은 부탁할 때 사용해요.

단어

过来 guòlái (특정 지점에서 말하는 사람 쪽으로)오다, 다가오다　**一下** yíxià 양 좀 ~해 보다　**点** diǎn 양 약간, 조금　**说** shuō 동 말하다
秘密 mìmì 명 비밀　**挑** tiāo 동 고르다, 선택하다　**拿** ná 동 잡다, 들다, 쥐다　**拍** pāi 동 촬영하다, 찍다　**照片** zhàopiàn 명 사진

你要大杯的还是中杯的? 그런데 사이즈 아니면 톨 사이즈?

Nátiě yào rè de háishi bīng de?
拿铁要热的还是冰的? 라떼는 따뜻한 걸로 드릴까요, 아이스로 드릴까요?

Nǐ hē niúnǎi háishi hē guǒzhī?
你喝牛奶还是喝果汁? 우유 마실래, 주스 마실래?

Nǐ shàngbān zuò dìtiě háishi gōngjiāochē?
你上班坐地铁还是公交车? 너 출근할 때 지하철 타, 버스 타?

还是는 '아니면', '또는'의 의미를 가진 접속사로 두 개 이상의 사물이나 상황 중 하나를 선택할 때 사용해요.
주어가 동일한 경우 중복된 두 번째 동사는 생략할 수 있어요.

기본 **주어 + A + 还是 + B**

단어

果汁 guǒzhī 몡 주스 **公交车** gōngjiāochē 몡 버스

09 교체 연습

1 A 在 B C。 A는 B에서 C해.

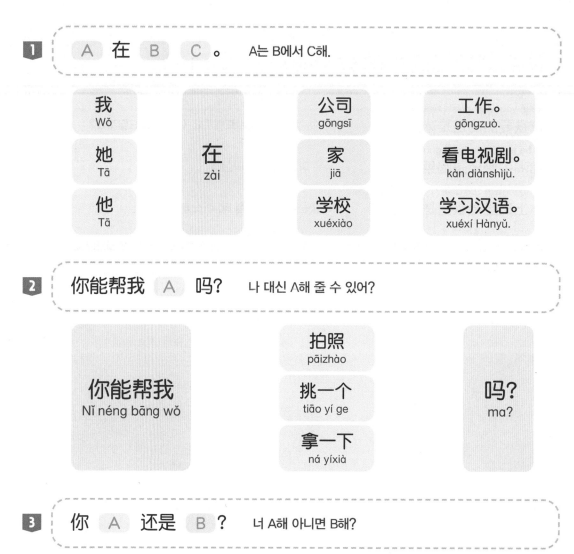

我 Wǒ　她 Tā　他 Tā

在 zài

公司 gōngsī　家 jiā　学校 xuéxiào

工作。 gōngzuò.　看电视剧。 kàn diànshìjù.　学习汉语。 xuéxí Hànyǔ.

2 你能帮我 A 吗? 나 대신 A해 줄 수 있어?

你能帮我 Nǐ néng bāng wǒ

拍照 pāizhào　挑一个 tiāo yí ge　拿一下 ná yíxià

吗? ma?

3 你 A 还是 B? 너 A해 아니면 B해?

你 Nǐ

去 qù　要大的 yào dà de　喝水 hē shuǐ

还是 háishi

不去? bú qù?　小的? xiǎo de?　喝茶? hē chá?

단어

工作 gōngzuò 통 일하다　电视剧 diànshìjù 명 드라마　学校 xuéxiào 명 학교　拍照 pāizhào 통 사진을 찍다　水 shuǐ 명 물

①

Nǐ zài nǎr?

你在哪儿?

②

Wǒ zài kāfēitīng.

我在咖啡厅。

③

Nǐ yào hē shénme?

你要喝什么?

④

Wǒ yào hē kāfēi.

我要喝咖啡。

①

Wǒ zài xuéxiào xuéxí.

我在学校学习。

②

Tā zài gōngsī gōngzuò.

他在公司工作。

③

Tā zài wǎngbā wánr yóuxì.

他在网吧玩儿游戏。

④

Tāmen zài jiā kàn diànyǐng.

他们在家看电影。

연습문제

1 녹음을 듣고 발음에 주의하며 따라 읽어 보세요.

nǎr	huānyíng	bīng	chāo	dài	kāfēi	hē	néng
zǒu	guānglín	diǎn	bāng	jiā	háishi	rè	zhèr

2 녹음을 듣고 빈칸에 알맞은 한어병음을 써 보세요.

❶ Wǒ _____ _____ _____.

❷ Nǐ _____ _____ wǒ _____ _____ _____ _____ ma?

❸ Wǒ _____ _____ _____ _____ _____.

❹ Nǐ _____ _____ _____ de _____ _____ _____ de?

❺ Zài _____ hē _____ _____ _____?

3 녹음을 듣고 잘못된 부분에 밑줄을 긋고 바르게 고쳐 보세요.

예	Huāníng guānglín!	(Huānyíng)

❶ Méi wòntí.   (   )

❷ Yào qiāo dà bēi de.   (   )

❸ Lè nátiě, bù ziā táng.   (,   )

❹ Zài zér hē.   (   )

4 뜻을 보고 알맞은 한어병음과 한자를 연결해 보세요.

아니면, 또는	●	●	zhèr	●	●	走
~할 수 있다	●	●	hē	●	●	还是
마시다	●	●	zǒu	●	●	能
가다	●	●	bāng	●	●	喝
가지다, 지니다	●	●	dài	●	●	哪儿
여기, 이곳	●	●	háishi	●	●	带
돕다	●	●	nǎr	●	●	这儿
어디, 어느 곳	●	●	néng	●	●	帮

5 단어를 바르게 배열해 문장을 완성해 보세요.

❶ 在 | 附近 | 星巴克 | 我

_____ 나 스타벅스 근처야.

❷ 一 | 吗 | 点 | 杯 | 你 | 帮 | 咖啡 | 能 | 我

_____ 네가 나 대신 커피 한 잔 시켜 줄 수 있어?

❸ 咖啡 | 冰 | 要 | 我 | 美式 | 喝

_____ 난 아이스 아메리카노 마실래.

❹ 中 | 的 | 还是 | 杯 | 大 | 你 | 的 | 要 | 杯

_____ 너 그런데 사이즈로 할 거야, 아니면 톨 사이즈로 할 거야?

❺ 带 | 在 | 还是 | 喝 | 走 | 这儿

_____ 드시고 가시나요, 아니면 테이크아웃 하시나요?

6 다음 문장을 중국어로 쓰고 큰 소리로 말해 보세요.

❶ 너 어디야?

✎ ....

❷ 너 뭐 마실래?

✎ ....

❸ 난 아이스 아메리카노 마실래.

✎ ....

❹ 톨 사이즈로 주세요.

✎ ....

❺ 여기서 먹고 갈게요.

✎ ....

❻ 너 나 도와줄 수 있어?

✎ ....

7 다음 문장을 따라 쓰고 반복해서 읽어 보세요.

❶ 我在咖啡厅喝咖啡。

❷ 你能帮我点一杯咖啡吗?

❸ 我来帮你挑。

❹ 你要大的还是小的?

❺ 拿铁要热的还是冰的?

❻ 在这儿吃还是带走?

měishì kāfēi **美式咖啡** 아메리카노	nátiě **拿铁** 카페라떼	mókǎ **摩卡** 카페모카
jiāotáng mǎqíduǒ **焦糖玛奇朵** 카라멜마끼아또	lǜchá nátiě **绿茶拿铁** =抹茶拿铁 mǒchá nátiě 그린티라떼	xīngbīnglè **星冰乐** 프라푸치노
nǎichá **奶茶** 밀크티	dàngāo **蛋糕** 케이크	sānmíngzhì **三明治** 샌드위치
huáfūbǐng **华夫饼** 와플	mǎkǎlóng **马卡龙** 마카롱	dàntà **蛋挞** 타르트

내가 마시고 싶은 커피를 중국어로 주문할 수 있다?

이제 중국에 가서도 아메리카노와 라떼는 자신 있게 중국어로 주문할 수 있게 되었어요! 하지만 여기서 멈추기엔 조금 아쉽죠? 디카페인으로 변경하거나 휘핑크림을 빼 달라고 얘기하고 싶을 땐 어떻게 말하면 좋을까요? 카페에서 사용할 수 있는 다양한 표현을 함께 살펴봅시다.

Kěyǐ huàn dīzhī nǎi ma?
❶ 可以换低脂奶吗? 저지방 우유로 변경할 수 있나요?

▶ 脱脂奶 tuōzhī nǎi 무지방 우유
▶ 豆奶 dòunǎi 두유

Wǒ yào yì bēi dī kāfēiyīn de bīng nátiě.
❷ 我要一杯低咖啡因的冰拿铁。 디카페인 아이스 라떼 한 잔 주세요.

Qǐng bú yào fàng dàn nǎiyóu.
❸ 请不要放淡奶油。 휘핑크림 빼 주세요.

Wǒ yào qù bīng.
❹ 我要去冰。 얼음은 빼 주세요.

▶ 少冰 shǎo bīng 얼음 적게

Wǒ yào jiā yífèn nóngsuō.
❺ 我要加一份浓缩。 샷 하나 추가해 주세요.

Wǒ yào jiā yífèn xiāngcǎo tángjiāng.
❻ 我要加一份香草糖浆。 바닐라 시럽 한 번 추가해 주세요.

▶ 焦糖糖浆 jiāotáng tángjiāng 카라멜 시럽
▶ 榛果糖浆 zhēnguǒ tángjiāng 헤이즐넛 시럽

Duō fàng diǎnr dàn nǎiyóu.
❼ 多放点儿淡奶油。 휘핑크림 많이 주세요.

▶ 冰块 bīngkuài 얼음

Wǒ yào yì bēi lěngcuì kāfēi.
❽ 我要一杯冷萃咖啡。 콜드브루 한 잔 주세요.

▶ 手冲咖啡 shǒu chōng kāfēi 핸드드립 커피

Bèiguǒ yào jiā rè.
❾ 贝果要加热。 베이글 데워 주세요.

▶ 司康饼 sīkāngbǐng 스콘
▶ 玛芬 mǎfēn 머핀

9

이 집 볶음밥 맛있어.

这家店的炒饭很好吃。

토닥토닥 응원 메시지

不忘初心 초심을 잃지 말자!
어렵게만 느껴졌던 한자도 이제는 어느 정도 읽을 수 있고, 간단한 중국어 문장들도 구사할 수 있게 되었어요! 그렇다고 아직 마음을 놓기는 이르죠? 처음 책을 사면서 했던 다짐, 책의 첫 페이지를 펼쳤을 때 그 설레는 마음, 기억하시나요? 그때 그 마음을 다시 한번 되새겨 보며 오늘도 함께 힘내 봅시다! 不忘初心!

不忘初心 bú wàng chūxīn 초심을 잊지 말자

8과 복습

1 보기에서 알맞은 단어를 골라 빈칸에 써 보세요.

> 보기 喝 哪儿 点 能 带 还是 走 帮

❶ 주문하다 ⬜ ❷ 가다 ⬜

❸ 가지다, 지니다 ⬜ ❹ 돕다 ⬜

❺ ～할 수 있다 ⬜ ❻ 마시다 ⬜

2 아래 단어의 뜻을 적어 보세요.

❶ 星巴克 Xīngbākè _____

❷ 咖啡 kāfēi _____

❸ 冰美式咖啡 bīng měishì kāfēi _____

❹ 热拿铁 rè nátiě _____

3 다음 문장을 완성해 보세요.

❶ 너 어디야? 你_____?

❷ 나 스타벅스 근처야. 我_____星巴克_____。

❸ 커피 좀 대신 시켜 줄 수 있어? 你_____我_____一_____咖啡吗?

❹ 너 뭐 마실 거야? 你_____什么?

❺ 어떤 걸로 주문하시겠어요? 您_____什么?

❻ 드시고 가시나요, 아니면 테이크아웃 하시나요?

_____喝_____?

请客	qǐngkè	동	한턱내다
米粉	mǐfěn	명	쌀국수
炒饭	chǎofàn	명	볶음밥
家	jiā	양	가게나 기업 등을 세는 양사
店	diàn	명	상점, 가게
好吃	hǎochī	형	맛있다
服务员	fúwùyuán	명	종업원
菜	cài	명	요리
点菜	diǎn cài	동	음식을 주문하다
来	lái	동	주다 [특정한 상황에서 동사를 대신하여 쓰임]
饮料	yǐnliào	명	음료
瓶	píng	양	병
可乐	kělè	명	콜라
别的	biéde	명	다른 것
爱	ài	동	사랑하다
香菜	xiāngcài	명	고수
请	qǐng	동	부탁하다, 요청하다
放	fàng	동	넣다, 타다
稍	shāo	부	잠시, 잠깐
等	děng	동	기다리다

1 너 뭐 먹고 싶어?

chī
chī shénme
xiǎng chī shénme
Nǐ xiǎng chī shénme?
你想吃什么?

2 이 집 볶음밥 맛있어.

hǎochī
hěn hǎochī
chǎofàn hěn hǎochī
Zhè jiā diàn de chǎofàn hěn hǎochī.
这家店的炒饭很好吃。

3 더 필요한 거 있으세요?

biéde
yào biéde
Hái yào biéde ma?
还要别的吗?

4 저는 고수를 좋아하지 않아요.

ài
ài chī
bú ài chī
Wǒ bú ài chī xiāngcài
我不爱吃香菜。

杨洋 Jīntiān wǒ qǐngkè! Nǐ xiǎng chī shénme?
今天我请客！你想吃什么？

朴智旻 Wǒ xiǎng chī Yuènán mǐfěn, nǐ ne?
我想吃越南米粉，你呢？

杨洋 Wǒ yào chī chǎofàn. Zhè jiā diàn de chǎofàn hěn hǎochī.
我要吃炒饭。这家店的炒饭很好吃。

朴智旻 Fúwùyuán, diǎn cài! Lái yífèn Yuènán mǐfěn hé chǎofàn.
服务员，点菜！来一份越南米粉和炒饭。

服务员 Yào shénme yǐnliào?
要什么饮料？

杨洋 Lái yì píng kělè ba.
来一瓶可乐吧。

服务员 Hái yào biéde ma?
还要别的吗？

朴智旻 Wǒ bú ài chī xiāngcài, qǐng bú yào fàng xiāngcài.
我不爱吃香菜，请不要放香菜。

服务员 Hǎo de, qǐng shāo děng.
好的，请稍等。

음식점

| 杨洋 | Jīntiān wǒ qǐngkè! Nǐ xiǎng chī shénme?
今天我请客！你想吃什么？
오늘 내가 쏜다! 뭐 먹고 싶어? | 请客는 '한턱 내다'라는 의미로 상대방에게 식사를 대접할 때 사용해요. |

| 朴智旻 | Wǒ xiǎng chī Yuènán mǐfěn, nǐ ne?
我想吃越南米粉，你呢？
나 베트남 쌀국수 먹고 싶어. 너는? | |

| 杨洋 | Wǒ yào chī chǎofàn. Zhè jiā diàn de chǎofàn hěn hǎochī.
我要吃炒饭。这家店的炒饭很好吃。
난 볶음밥 먹을래. 이 집 볶음밥 맛있어. | 家는 양사로 쓰일 경우 '가정, 기업, 가게' 등을 세는 단위로 사용해요. |

| 朴智旻 | Fúwùyuán, diǎn cài! Lái yífèn Yuènán mǐfěn hé chǎofàn.
服务员，点菜！来一份越南米粉和炒饭。
여기 주문할게요! 베트남 쌀국수랑 볶음밥이요. | 来는 '~주세요'라는 의미로 음식을 주문할 때 사용해요 |

| 服务员 | Yào shénme yǐnliào?
要什么饮料？
음료는 뭘로 드릴까요? | |

| 杨洋 | Lái yì píng kělè ba.
来一瓶可乐吧。
콜라 한 병 주세요. | |

| 服务员 | Hái yào biéde ma?
还要别的吗？
더 필요한 거 있으세요? | |

| 朴智旻 | Wǒ bú ài chī xiāngcài, qǐng bú yào fàng xiāngcài.
我不爱吃香菜，请不要放香菜。
제가 고수를 좋아하지 않아서, 고수는 빼 주세요. | 请은 '~해 주세요'라는 의미로 정중하게 상대방에게 부탁하거나 요청할 때 사용해요. |

| 服务员 | Hǎo de, qǐng shāo děng.
好的，请稍等。
알겠습니다. 잠시만 기다려 주세요. | 稍等는 '잠깐 기다리다'라는 의미로 정중히 부탁할 때는 문장 맨 앞에 请을 붙여 사용해요. |

这家店的炒饭很好吃。 이 집 볶음밥 맛있어.

Zhè shuāng xié zhēn hǎokàn.
这双鞋真好看。　　이 신발 진짜 예쁘다.

Tā de shēngyīn hěn hǎotīng.
她的声音很好听。　　그녀의 목소리는 듣기 좋아.

Kōngqì zhàguō hǎoyòng ma?
空气炸锅好用吗?　　에어프라이어 쓰기 편해?

好는 형용사로 '좋다'라는 의미로 사용되지만 '好+동사'로 쓰일 때는 '~하기 좋다' 혹은 '~하기 편하다'의
의미로 쓸 수 있어요.

来一瓶可乐吧。 콜라 한 병 주세요.

끼니	인분/묶음	요리	덩어리/조각	얇은 조각	공기/그릇	접시/쟁반	잔/컵
顿	份	道	块	片	碗	盘	杯
dùn	fèn	dào	kuài	piàn	wǎn	pán	bēi

기본 **수사 + 양사 + 명사**

Zhè dào cài zhēn hǎochī.
这道菜真好吃。　　이 요리 정말 맛있다.

Wǒ yì tiān zhǐ chī liǎng dùn fàn.
我一天只吃两顿饭。　　나는 하루에 두 끼만 먹어.

Wǒ yí ge rén néng chī liǎng pán jiǎozi.
我一个人能吃两盘饺子。　　나는 혼자 만두 두 판 먹을 수 있어.

양사는 사람이나 사물의 수량을 나타낼 때 사용하며, 주로 '수사+양사+명사' 구조로 쓰여요. 식사나 식품에
쓰이는 다양한 양사 활용법을 익혀 보세요.

단어

双 shuāng 양 켤레, 쌍　　鞋 xié 명 신발　　声音 shēngyīn 명 소리, 목소리　　听 tīng 동 듣다　　空气炸锅 kōngqì zhàguō 명 에어프라이어
用 yòng 동 쓰다, 사용하다　　只 zhǐ 부 단지, 다만　　饺子 jiǎozi 명 교자, 만두

还要别的吗? 더 필요한 거 있으세요?

Wǒmen hái yào děng duōjiǔ?
我们还要等多久?   우리 얼마나 더 기다려야 해?

Nǐmen hái xiǎng zuò shénme?
你们还想做什么?   너희 또 뭐 하고 싶어?

Dào jiāngnán hái yǒu liǎngzhàn.
到江南还有两站。   강남까지 두 정거장 더 남았어.

부사 还는 '또, 더'라는 의미로 아직 발생하지 않는 일의 반복을 나타내요.

我不爱吃香菜。 나는 고수를 좋아하지 않아.

Zhè shì wǒ zuìjìn ài kàn de diànshìjù.
这是我最近爱看的电视剧。   이건 내가 요즘 즐겨 보는 드라마야.

Tā píngshí bú ài chī miànshí.
她平时不爱吃面食。   걔는 평소에 밀가루를 즐겨 먹지 않아.

Xiǎomāo bú ài xǐzǎo zěnmebàn?
小猫不爱洗澡怎么办?   고양이가 목욕을 싫어하는데 어떡하나요?

'사랑하다'의 의미를 가진 爱가 동사 앞에 있으면 '~하기를 좋아한다, ~를 즐겨한다'라 의미를 나타내요.
부정은 不爱로 표현해요.

긍정	주어 ╋ 爱 ╋ 술어(동사) ╋ 목적어
부정	주어 ╋ 不爱 ╋ 술어(동사) ╋ 목적어

단어

多久 duōjiǔ 대 얼마 동안   **到** dào 전 ~까지, ~에   **江南** Jiāngnán 명 강남(서울)   **站** zhàn 동 정거장, 역   **电视剧** diànshìjù 명 드라마
平时 píngshí 명 평소   **面食** miànshí 명 밀가루 음식   **小猫** xiǎomāo 명 고양이   **洗澡** xǐzǎo 동 목욕하다   **怎么办** zěnmebàn 어떻게 하지, 어쩌지

请不要放香菜。 고수는 넣지 말아 주세요.

Bú yào fán wǒ.
不要烦我。　　　나 귀찮게 하지 마.

Nǐ bú yào zài áoyè le.
你**不要**再熬夜了。　너 더 이상 밤 새지 마.

Bú yào wàngjì wǒ ài nǐ.
不要忘记我爱你。　내가 널 사랑한다는 걸 잊지 마.

기본	(주어) ＋ 不要 ＋ 술어(동사/동사구)
확장	(주어) ＋ 不要 ＋ 술어(동사/동사구) ＋ 了

不要는 '~하지 마라'라는 뜻으로, 강한 거절이나 금지 혹은 권고의 의미를 담고 있어요. 단, 문장 앞에 请을 붙이거나 문장 끝에 了를 붙여 어감을 부드럽게 할 수 있어요.

단어

烦 fán [형] 귀찮다, 번거롭다　　熬夜 áoyè [동] 밤을 새다　　忘记 wàngjì [동] 잊어버리다

09 교체 연습

1 来 A B 吧。　　B를 A 주세요.

来
Lái

一瓶
yì píng

一份
yífèn

一盘
yì pán

可乐
kělè

炒饭
chǎofàn

饺子
jiǎozi

吧。
ba.

2 我爱 A 。　　나는 A를 즐겨해.

我爱
Wǒ ài

吃面食。
chī miànshí.

穿牛仔裤。
chuān niúzǎikù.

看综艺节目。
kàn zōngyì jiémù.

3 请不要 A 。　　A하지 말아 줘.

请不要
Qǐng bú yào

忘记。
wàngjì.

生气。
shēngqì.

误会。
wùhuì.

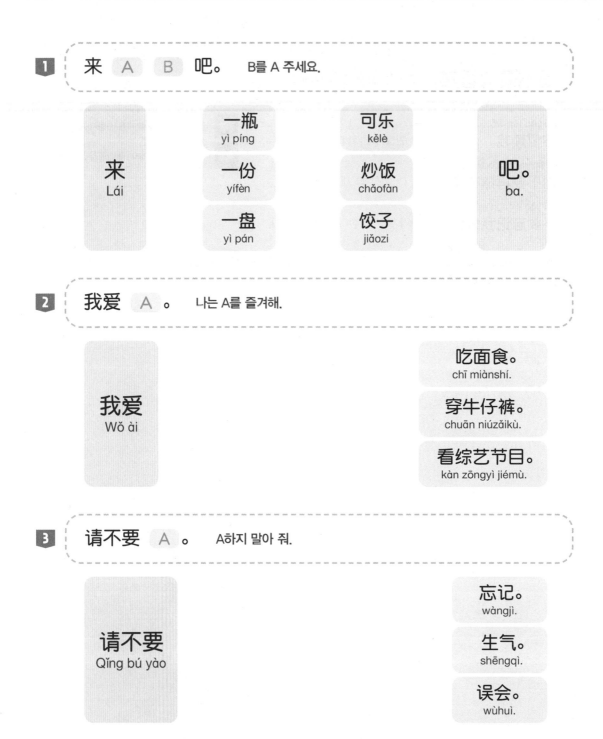

단어

穿 chuān 동 입다　牛仔裤 niúzǎikù 명 청바지　综艺节目 zōngyì jiémù 명 예능 프로그램　生气 shēngqì 동 화내다　误会 wùhuì 명 동 오해(하다)

10

❶

Nǐ xiǎng chī shénme?

你想吃什么?

❷

Wǒ xiǎng chī chǎofàn.

我想吃炒饭。

❸

Chǎofàn hěn hǎochī.

炒饭很好吃。

❹

Wǒ ài chī chǎofàn.

我爱吃炒饭。

❶

Lái yífèn chǎofàn.

来一份炒饭。

❷

Hái yào biéde ma?

还要别的吗?

❸

Wǒ bú ài chī xiāngcài.

我不爱吃香菜。

❹

Qǐng bú yào fàng xiāngcài.

请不要放香菜。

11 연습문제

1 녹음을 듣고 발음에 주의하며 따라 읽어 보세요.

> chǎofàn qǐng píng diàn kělè yǐnliào biéde cài
>
> fúwùyuán chī fàng shāo děng qǐngkè mǐfěn ài

2 녹음을 듣고 빈칸에 알맞은 한어병음을 써 보세요.

❶ Jīntiān wǒ _____! Nǐ _____ _____ shénme?

❷ Wǒ _____ _____ _____ _____, nǐ _____?

❸ Zhè _____ _____ de _____ hěn _____.

❹ _____ _____ _____ kělè ba.

❺ _____ _____ _____ _____ xiāngcài.

3 녹음을 듣고 잘못된 부분에 밑줄을 긋고 바르게 고쳐 보세요.

> 예 Fúwù<u>yuén</u>!   (yuán   )

❶ Jīntiān wǒ cǐngkè!   (   )

❷ Nǐ shǎng cì shénme?   (,   )

❸ Wǒ bái cì xiāngcài.   (,   )

❹ Hǎo de, cǐng xiāo děng.   (,   )

4 뜻을 보고 알맞은 한어병음과 한자를 연결해 보세요.

먹다	cài	等
넣다, 타다	ài	好吃
요리	fàng	爱
다른 것	hǎochī	请
기다리다	qǐng	吃
~하기를 좋아하다	chī	菜
부탁하다, 요청하다	děng	别的
맛있다	biéde	放

5 단어를 바르게 배열해 문장을 완성해 보세요.

❶ | 吃 | 今天 | 什么 | 我 | 你 | 想 | 请客 |

_____ 오늘 내가 쏜다! 뭐 먹고 싶어?

❷ | 好吃 | 很 | 炒饭 | 店 | 家 | 这 | 的 |

_____ 이 집 볶음밥 맛있어.

❸ | 菜 | 越南 | 服务员 | 份 | 炒饭 | 米粉 | 点 | 来 | 和 | 一 |

_____ 여기 주문할게요! 베트남 쌀국수랑 볶음밥이요.

❹ | 我 | 不 | 香菜 | 吃 | 爱 |

_____ 제가 고수를 좋아하지 않아요.

❺ | 不 | 香菜 | 放 | 要 | 请 |

_____ 고수는 빼 주세요.

6 다음 문장을 중국어로 쓰고 큰 소리로 말해 보세요.

❶ 너 뭐 먹고 싶어?

✎ ....

❷ 난 볶음밥 먹을래.

✎ ....

❸ 음료는 뭘로 할래?

✎ ....

❹ 더 필요한 거 없어?

✎ ....

❺ 난 콜라를 즐겨 마시지 않아.

✎ ....

❻ 나 귀찮게 하지 마.

✎ ....

7 다음 문장을 따라 쓰고 반복해서 읽어 보세요.

❶ 今天我请客！服务员，点菜！
....

❷ 这家店的炒饭很好吃。
....

❸ 来一份越南米粉和炒饭。
....

❹ 我不爱吃香菜，请不要放香菜。
....

❺ 我们还要等多久？
....

❻ 她平时不爱吃面食。
....

huǒguō	málàtàng	yángròuchuàn
火锅	麻辣烫	羊肉串
훠궈	마라탕	양꼬치

guōbāoròu	niúròumiàn	diǎnxin
锅包肉	牛肉面	点心
꿔바로우	우육면	딤섬

mápódòufu	bāozi	jiǎozi
麻婆豆腐	包子	饺子
마파두부	만두	교자

chǎofàn	Běijīng kǎoyā	xiǎolóngbāo
炒饭	北京烤鸭	小笼包
볶음밥	베이징덕	샤오룽바오

다양한 조리 방법

찌다	삶다	데치다	굽다	볶다	부치다	튀기다	비비다
蒸 zhēng	煮 zhǔ	涮/烫 shuàn/tàng	烤 kǎo	炒 chǎo	煎 jiān	炸 zhá	拌 bàn

중국판 배달의 민족이 있다?

중국에도 우리나라의 배달의 민족과 비슷한 배달 어플이 있다는 것을 알고 있었나요? 음식, 식료품뿐만 아니라 생화와 상비약까지 배달이 가능해요. 배달 소요 시간이나 라이더의 동선도 모두 어플을 통해 확인할 수 있어요. 중국인 친구와 배달 어플을 통해 훠궈를 시켰던 적이 있는데, 훠궈 전용 냄비와 가열 도구까지 주문할 수 있어서 언제어디서나 편리하게 훠궈를 먹을 수 있다는 점이 아직도 기억에 남아요.

중국의 대표적인 배달 어플

1 美团 Měituán 메이퇀

중국 배달 어플 점유율 1위를 달리고 있는 메이퇀은 이용자만 약 5억 명으로, 매년 80억 건이 넘는 배달이 이 어플을 통해 이루어진다고 해요. 배달 서비스 외에도 QR 결제, 교통카드, 영화 예매, 택시 부르기, 숙소 및 항공권예약 등 다양한 생활 밀착형 서비스를 제공하고 있어요.

2 饿了吗 È le ma 어러마

배달 어플 점유율 2위를 차지하고 있는 어러마는 배달 전용 어플이에요. 기본적으로 제공하는 배달 서비스는메이퇀과 큰 차이는 없지만, 간혹 지역에 따라 메이퇀보다 더 많은 맛집이 등록되어 있는 경우가 있어요.

중국 배달 어플 용어 & 사용 팁

❶ 평점(评分 píngfēn)과 리뷰(评价 píngjià): 평점과 리뷰를 잘 확인하면 주문에 실패할 일이 거의 없어요. 음식의맛, 배달 속도, 위생 등을 미리 확인해 가게 선택에 참고할 수 있어요.

❷ 월 주문 횟수(月售 yuè shòu): 메뉴 하단에 해당 메뉴의 월 주문 횟수가 표시되어 있어 꼭 참고하는 것이 좋아요.

❸ 최소 배달 금액(起送 qǐ sòng): 가게마다 최소 배달 금액이 있어요. 起送￥30이라고 쓰여 있다면, 최소 배달 금액이 30위안이라는 의미예요. 금액을 채우지 못하면 배달을 해주지 않기 때문에 미리 확인하는 것이 좋아요.

❹ 배달비(配送费 pèisòng fèi)와 포장비(包装费 bāozhuāng fèi): 배달비는 보통 3위안에서 8위안 정도로 저렴한 편이지만, 한국과 달리 포장비를 따로 받는 경우가 많기 때문에 주의해야 해요.

❺ 할인 이벤트: 메뉴를 보다 보면 减(jiǎn, 빼다)이라고 쓰여 있는 곳을 볼 수 있는데, 이는 일정 금액을 채우면 할인해 주는 이벤트예요. 예를 들어 25减7은 25위안을 구매할 경우 7위안을 할인해 준다는 의미예요.

10

나는 발라드 좋아해.

我喜欢抒情歌。

 토닥토닥 응원 메시지

永不放弃 절대 포기하지 말아요!
물은 100도가 되어야 끓고, 99도에서는 절대 끓지 않아
요. 물이 끓어오르기까지의 시간이 지루하고 답답하게
느껴질 수도 있어요. 지금 내가 몇 도인지 알 수 없지만,
포기하지 않고 조금씩 온도를 높여가다 보면 어느 순간
폭발적으로 끓어오르는 자신을 발견하게 될 거예요.

永不放弃 yǒng bù fàngqì 끝까지 포기하지 않다

9과 복습

1 보기에서 알맞은 단어를 골라 빈칸에 써 보세요.

> 보기 爱   别的   菜   放   请   等   吃   来

❶ 요리 [   ] ❷ 넣다 [   ]

❸ 다른 것 [   ] ❹ ~하기를 좋아하다 [   ]

❺ 주다, 주세요 [   ] ❻ 부탁하다, 요청하다 [   ]

2 아래 단어의 뜻을 적어 보세요.

❶ 饮料 yǐnliào _____

❷ 可乐 kělè _____

3 다음 문장을 완성해 보세요.

❶ 오늘 내가 쏜다! 너 뭐 먹고 싶어?

今天我_____! 你_____什么?

❷ 난 볶음밥 먹을래. 이 집 볶음밥 맛있어.

我_____炒饭。这_____的炒饭很_____。

❸ 여기요, 주문할게요! 쌀국수 하나 주세요.

_____, _____! _____一_____米粉。

❹ 더 필요한 거 있으세요?

_____吗?

❺ 제가 고수를 좋아하지 않아서, 고수는 빼 주세요.

我不_____香菜, _____香菜。

平时	píngshí	명	평소, 평상시
喜欢	xǐhuan	동	좋아하다
打	dǎ	동	치다, 때리다, 하다
网球	wǎngqiú	명	테니스
会	huì	조동	할 줄 알다
学	xué	동	배우다
可是	kěshì	접	그러나, 하지만, 그런데
得	de	조	동사와 보어의 가운데 쓰여 정도를 나타냄
兴趣	xìngqù	명	흥미, 취미
爱好	àihào	명	취미, 기호
兴趣爱好	xìngqù àihào	명	취미 생활
一般	yìbān	형	보통이다, 일반적이다
呆	dāi	동	머무르다, 빈둥거리다
里	lǐ	명	안, 속
歌	gē	명	노래
音乐	yīnyuè	명	음악
抒情歌	shūqíng gē	명	발라드

1 너희 평소에 뭐 해?

> zuò
>
> zuò shénme
>
> píngshí zuò shénme
>
> Nǐmen píngshí zuò shénme?
>
> 你们平时做什么？

2 나는 테니스 치는 거 좋아해.

> xǐhuan
>
> xǐhuan dǎ wǎngqiú
>
> Wǒ xǐhuan dǎ wǎngqiú.
>
> 我喜欢打网球。

3 너 테니스 칠 줄 알아?

> huì
>
> huì dǎ
>
> huì dǎ wǎngqiú
>
> Nǐ huì dǎ wǎngqiú ma?
>
> 你会打网球吗？

4 난 보통 집에서 음악 들어.

> zài jiā
>
> dāi zài jiā lǐ
>
> dāi zài jiā lǐ tīng gē
>
> Wǒ yìbān dāi zài jiā lǐ tīng gē.
>
> 我一般呆在家里听歌。

李现　Nǐmen píngshí zuò shénme?
　　　你们平时做什么?

朴智旻　Wǒ píngshí xǐhuan dǎ wǎngqiú.
　　　我平时喜欢打网球。

李现　Nǐ huì dǎ wǎngqiú ma?
　　　你会打网球吗?

朴智旻　Xuéle yì nián, kěshì dǎ de bú tài hǎo.
　　　学了一年，可是打得不太好。

李现　Yáng Yáng, nǐ ne? Nǐ yǒu xìngqù àihào ma?
　　　杨洋，你呢? 你有兴趣爱好吗?

杨洋　Wǒ yìbān dāi zài jiā lǐ tīng gē.
　　　我一般呆在家里听歌。

朴智旻　Nǐ xǐhuan shénme yīnyuè?
　　　你喜欢什么音乐?

杨洋　Wǒ xǐhuan shūqíng gē.
　　　我喜欢抒情歌。

취미

李现　Nǐmen píngshí zuò shénme?

你们平时做什么?

너희 평소에 뭐 해?

朴智旻　Wǒ píngshí xǐhuan dǎ wǎngqiú.

我平时喜欢打网球。

난 평소에 테니스 치는 거 좋아해.

李现　Nǐ huì dǎ wǎngqiú ma?

你会打网球吗?

테니스 칠 줄 알아?

朴智旻　Xuéle yì nián, kěshì dǎ de bú tài hǎo.

学了一年，可是打得不太好。

1년 배우긴 했는데, 잘 치지는 못해.

李现　Yáng Yáng, nǐ ne? Nǐ yǒu xìngqù àihào ma?

杨洋，你呢? 你有兴趣爱好吗?

양양, 너는? 취미 생활 있어?

杨洋　Wǒ yìbān dāi zài jiā lǐ tīng gē.

我一般呆在家里听歌。

난 보통 집에서 음악 들어.

> 在…里는 '~에(서)'라는 뜻의 전치사 在와 '속, 안'이라는 뜻의 방향사 里가 결합되어 '~(장소) 안에서'라는 의미로 쓰여요.

朴智旻　Nǐ xǐhuan shénme yīnyuè?

你喜欢什么音乐?

무슨 음악 좋아하는데?

杨洋　Wǒ xǐhuan shūqíng gē.

我喜欢抒情歌。

발라드 좋아해.

我平时喜欢打网球。 난 평소에 테니스 치는 거 좋아해.

Tā zuì xǐhuan de yóuxì shì Yīngxióng liánméng.
他最喜欢的游戏是英雄联盟。 걔가 제일 좋아하는 게임은 롤이야.

Zhìmín bú tài xǐhuan chī bòhe qiǎokèlì.
智旻不太喜欢吃薄荷巧克力。 지민이는 민트 초콜릿을 별로 좋아하지 않아.

Nǐ wèishénme xǐhuan nàge rén?
你为什么喜欢那个人? 너 왜 그 사람을 좋아하는데?

喜欢은 뒤에 단어나 문장을 붙여 '~을 좋아하다'라고 표현할 수 있어요. 또한 喜欢 앞에 很, 最, 太, 非常, 特别 등과 같은 정도부사를 붙여 정도를 나타낼 수 있고, 부정을 할 때는 喜欢 앞에 不를 붙여 부정해요.

긍정	주어＋喜欢＋목적어	부정	주어＋不喜欢＋목적어

我平时喜欢打网球。 난 평소에 테니스 치는 거 좋아해.

농구	야구	배구	탁구	볼링	골프	당구	축구
篮球	棒球	排球	乒乓球	保龄球	高尔夫球	台球	足球
lánqiú	bàngqiú	páiqiú	pīngpāngqiú	bǎolíngqiú	gāo'ěrfūqiú	táiqiú	zúqiú

Nǐ huì dǎ gāo'ěrfūqiú ma?
你会打高尔夫球吗? 너 골프 칠 줄 알아?

Jīnwǎn wǒmen qù dǎ bǎolíngqiú ba!
今晚我们去打保龄球吧! 오늘 저녁에 우리 볼링 치러 가자!

Tā de àihào shì tī zúqiú.
他的爱好是踢足球。 걔 취미는 축구야.

打는 여러 의미를 가지고 있지만, '打＋구기 운동 명칭' 형태로 '운동을 하다'라고 표현할 수 있어요. 발을 사용하는 운동인 경우 打 대신 踢를 사용해요.

단어

英雄联盟 Yīngxióng liánméng 명 리그 오브 레전드(게임)　**薄荷** bòhe 명 박하, 민트　**巧克力** qiǎokèlì 명 초콜릿　**为什么** wèishénme 대 왜, 어째서[원인 또는 목적을 물음]　**踢** tī 동 차다

你会打网球吗? 너 테니스 칠 줄 알아?

Nǐ huì kāichē ma?
你会开车吗?　　　너 운전할 줄 알아?

Wǒ huì zuò Zhōngguó cài.
我会做中国菜。　　난 중국요리 할 수 있어.

Qǐng wèn, nǐ huì shuō Hànyǔ ma?
请问, 你会说汉语吗?　실례지만 중국어 할 줄 아시나요?

긍정	주어 + 会 + 술어(동사)+목적어
부정	주어 + 不会 + 술어(동사)+목적어

조동사 会는 '~할 수 있다'는 의미로 이미 배웠거나 훈련 혹은 습관에 의해 숙달되고 터득했음을 나타낼 때 사용해요. 부정은 不会로 할 수 있어요.

学了一年, 可是打得不太好。 1년 배웠는데, 잘 치지는 못해.

초	분	시간	일	주	개월	년
秒钟 miǎozhōng	分钟 fēnzhōng	(个)小时 (ge) xiǎoshí	天 tiān	(个)星期 (ge) xīngqī	(个)月 (ge) yuè	年 nián

Yáng Yáng děng le nǐ liǎng ge xiǎoshí le.
杨洋等了你两个小时了。　양양이 너 2시간째 기다리고 있어.

Wǒ xiǎng qù Jìzhōudǎo zhù yíge yuè.
我想去济州岛住一个月。　나 제주도 가서 한달살기 하고 싶어.
　　　　　　　　　　　　　　(나 제주도 가서 한 달 살고 싶어.)

Zhè shǒu gē wǒ tīng le hǎoduō nián le.
这首歌我听了好多年了。　나는 이 노래를 몇 년째 듣고 있어.

시량사는 시간의 길이를 나타내는 단위로 동사 뒤에 쓰여 동작이나 상태가 얼마나 지속되었는지를 나타내요. '동사+了+수사+시량사+了'의 구조는 동작이 현재까지 지속되고 있음을 나타내요. 시량사 分钟, 天, 年은 그 자체가 양사의 성질을 가지고 있기 때문에 양사를 붙이지 않아요.

기본	주어 + 술어(동사) + 了 + 보어(시량사)	지속	주어 + 술어(동사) + 了 + 보어(시량사) + 了

단어

开车 kāichē 동 운전하다　**济州岛** Jìzhōudǎo 명 제주도　**住** zhù 동 살다, 거주하다　**好多** hǎoduō 형 대단히 많은

学了一年，可是打得不太好。 1년 배웠는데, 잘 치지는 못해.

Kuài qiūtiān le, kěshì tiānqì háishi zhème rè.
快秋天了，可是天气还是这么热。
곧 가을인데 날씨가 아직도 이렇게 덥네.

Wǒ yě xiǎng mǎi Píngguǒ píngbǎn diànnǎo, kěshì méiyǒu qián.
我也想买苹果平板电脑，可是没有钱。
나도 아이패드 사고 싶은데, 돈이 없어.

Zhège xiāngshuǐ hǎo wén, kěshì xiāngwèi tài nóng.
这个香水好闻，可是香味太浓。
이 향수 향은 좋은데, 너무 진해.

전속사 可是는 '그러나', '그렇지만'이 의미로 앞 문장과 뒤 문장이 반대되는 관계를 나타내요. 비교적 어투가 가벼워 구어체에서 많이 쓰여요.

| 기본 | A ＋ 可是 ＋ B |

学了一年，可是打得不太好。 1년 배웠는데, 잘 치지는 못해.

Tā pǎo de tèbié kuài.
他跑得特别快。
걔는 정말 빨리 달려.

Nǐ zuìjìn guò de zěnmeyàng.
你最近过得怎么样?
너 요즘 어떻게 지내?

Tā shuō Hànyǔ shuō de hěn liúlì.
她说汉语说得很流利。
걔는 중국어를 유창하게 해.

구조조사 得는 동사나 형용사 뒤에 쓰여 그 정도가 어떠한지를 구체적으로 묘사해요. 동사가 목적어를 동반할 때는 '동사+목적어+동사+得+정도보어'의 구조로 쓰이며 이때 반복된 동사 중 첫 번째 동사는 생략할 수 있어요.

| 기본 | 주어 ＋ 술어(동사/형용사) ＋ 得 ＋ 보어 |
| 확장 | 주어 ＋ 술어(동사) ＋ 목적어 ＋ 술어(동사) ＋ 得 ＋ 보어 |

단어

秋天 qiūtiān 몡 가을　平板电脑 píngbǎn diànnǎo 몡 태블릿 PC　苹果平板电脑 Píngguǒ píngbǎn diànnǎo 몡 아이패드　香水 xiāngshuǐ 몡 향수　好闻 hǎo wén 혱 냄새가 좋다　香味 xiāngwèi 몡 향, 향기　浓 nóng 혱 진하다, 짙다　跑 pǎo 동 달리다　过 guò 동 (시기를)보내다, 지내다　流利 liúlì 혱 유창하다

1 你会 A 吗? 너 A 할 줄 알아?

你会
Nǐ huì

做菜
zuò cài

开车
kāichē

说英语
shuō Yīngyǔ

吗?
ma?

2 A , 可是 B 。 A지만 B해.

学了一年,
Xuéle yì nián,

我想买房子,
Wǒ xiǎng mǎi fángzi,

我很喜欢他,
Wǒ hěn xǐhuan tā,

可是
kěshì

说得不太好。
shuō de bú tài hǎo.

没有钱。
méiyǒu qián.

他不喜欢我。
tā bù xǐhuan wǒ.

3 他 A 得 B 。 그는 A하는 것이 B해.

他
Tā

过
guò

跑
pǎo

睡
shuì

得
de

很好。
hěn hǎo.

特别慢。
tèbié màn.

比较早。
bǐjiào zǎo.

단어

英语 Yīngyǔ 명 영어 房子 fángzi 명 집, 건물 慢 màn 형 느리다

10

①

Nǐ xǐhuan zuò shénme?

你喜欢做什么？

②

Wǒ xǐhuan dǎ wǎngqiú.

我喜欢打网球。

③

Nǐ huì dǎ wǎngqiú ma?

你会打网球吗？

④

Wǒ bú huì dǎ wǎngqiú.

我不会打网球。

①

Wǒ guò de hěn hǎo.

我过得很好。

②

Tā pǎo de hěn kuài.

他跑得很快。

③

Wǒ shuì de hěn zǎo.

我睡得很早。

④

Tā chī de hěn duō.

他吃得很多。

1 녹음을 듣고 발음에 주의하며 따라 읽어 보세요.

> wǎngqiú   kěshì   xìngqù   yīnyuè   àihào   lǐ   dāi   dǎ
>
> shūqíng   xǐhuan   yìbān   píngshí   tīng   huì   xué   gē

2 녹음을 듣고 빈칸에 알맞은 한어병음을 써 보세요.

❶ Nǐmen _____ _____ shénme?

❷ Nǐ _____ _____ _____ ma?

❸ Nǐ yǒu _____ _____ ma?

❹ Wǒ _____ _____ _____ _____ ____ _____ _____.

❺ Nǐ _____ shénme _____?

3 녹음을 듣고 잘못된 부분에 밑줄을 긋고 바르게 고쳐 보세요.

> 예   Nǐ na?   (ne   )

❶ Nǐmen píngsǐ zhuò shénme?   (,   )

❷ Xuéle yī nián, kěshì dǎ de bù tài hǎo.   (,   )

❸ Nǐ yǒu xīngqī àihǎo ma?   (,   )

❹ Wǒ sǐhuān shūcíng gē.   (,   )

4 뜻을 보고 알맞은 한어병음과 한자를 연결해 보세요.

뜻	한어병음	한자
치다, 때리다, 하다 ●	● huì	● 喜欢
좋아하다 ●	● píngshí	● 学
할 줄 알다 ●	● tīng	● 会
취미, 기호 ●	● kěshì	● 听
그러나, 하지만 ●	● xué	● 打
평소, 평상시 ●	● dǎ	● 爱好
듣다 ●	● xǐhuan	● 可是
배우다 ●	● àihào	● 平时

5 단어를 바르게 배열해 문장을 완성해 보세요.

❶ 网球 | 你 | 吗 | 打 | 会

_____ 너 테니스 칠 줄 알아?

❷ 好 | 年 | 可是 | 得 | 不 | 学 | 太 | 了 | 打 | 一

_____ 1년 배우긴 했는데, 잘 치지는 못해.

❸ 兴趣 | 吗 | 有 | 你 | 爱好

_____ 너 취미 생활 있어?

❹ 在 | 歌 | 家 | 一般 | 我 | 呆 | 听 | 里

_____ 난 보통 집에서 노래 들어.

❺ 什么 | 喜欢 | 你 | 音乐

_____ 너 어떤 음악 좋아해?

6 다음 문장을 중국어로 쓰고 큰 소리로 말해 보세요.

❶ 너 평소에 뭐 해?

✎ ....

❷ 난 평소에 음악 듣는 거 좋아해.

✎ ....

❸ 너 중국어 할 줄 알아?

✎ ....

❹ 너 취미 생활 있어?

✎ ....

❺ 너 어떤 음악 좋아해?

✎ ....

❻ 걔는 잘 지내.

✎ ....

7 다음 문장을 따라 쓰고 반복해서 읽어 보세요.

❶ 我平时喜欢踢足球。

❷ 我会做中国菜。

❸ 学了一年，可是打得不太好。

❹ 这首歌我听了好多年了。

❺ 你最近过得怎么样？

❻ 她说汉语说得很流利。

pǎobù 跑步 러닝	lā shēn yùndòng 拉伸运动 스트레칭	pǔlātí 普拉提 필라테스
shēndūn 深蹲 스쿼트	tiàoshéng 跳绳 줄넘기	yǔmáoqiú 羽毛球 배드민턴
gǔdiǎn yīnyuè 古典音乐 클래식	xīhā 嘻哈 힙합	juéshìyuè 爵士乐 재즈
liúxíng yīnyuè 流行音乐 팝	shūqíng gē 抒情歌 발라드	yáogǔnyuè 摇滚乐 락

중국판 카카오톡, 인스타그램, 유튜브가 있다?

중국에서는 인스타그램, 유튜브, 페이스북, 넷플릭스 등을 이용하지 못하도록 통신망을 차단하고 있어요. 그렇기 때문에 '위챗', '웨이보', '틱톡' 등 자국 플랫폼이 발달할 수밖에 없었는데, 중국에서 가장 많이 쓰이는 플랫폼에는 어떤 것들이 있을까요?

1 微信 Wēixìn 위챗

대륙의 카카오톡이라고 불리는 위챗은 중국의 대표적인 모바일 메신저예요. 중국 인터넷 기업인 텐센트가 운영하고 있으며, 이용자만 12억 명이 넘는다고 해요. 채팅, 음성 통화, 영상 통화는 물론이고 간편하게 결제할 수 있는 '위챗페이'부터 친구들과 일상을 공유할 수 있는 '모멘트'까지 다양한 연동 서비스를 제공하고 있어요. 현재는 일상생활에 없어서는 안되는 생활형 플랫폼으로 자리를 잡았어요.

2 微博 Wēibó 웨이보

중국 최대 소셜 네트워크 플랫폼으로 '중국판 페이스북', '중국판 트위터'로 불려요. 글과 사진, 동영상 등을 업로드할 수 있고 뉴스나 각종 유행 정보를 공유할 수 있어요. 좋아하는 연예인이나 인플루언서를 팔로우하고 그들의 일상을 엿볼 수도 있어요. 경제력을 갖춘 2030세대가 주로 이용하는 플랫폼인 만큼, 젊은 세대를 공략할 수 있어 필수로 진행하는 대세 마케팅 수단으로 자리잡게 되었어요.

3 小红书 Xiǎohóngshū 샤오홍수

블로그, 인스타그램, 온라인 쇼핑몰 등이 결합된 새로운 형태의 종합 플랫폼으로, '나의 생활을 기록하다(标记我的生活 Biāojì wǒ de shēnghuó)'라는 슬로건을 내세우며 생활 필수 어플로 자리잡았어요. 사진이나 영상으로 일상을 기록하고 뷰티·패션·건강·여행 등 다양한 분야의 정보를 공유할 수 있으며, 포스팅에 소개한 제품을 바로 구매할 수 있는 쇼핑 기능까지 갖추고 있어요. 웨이보와 마찬가지로 젊은 세대가 주 이용자 층이다 보니 중국의 최신 트렌드와 라이프 스타일을 파악하기에 적합한 플랫폼이에요.

4 哔哩哔哩 Bìlī bìlī 빌리빌리

'중국판 유튜브'라고 불리는 빌리빌리는 중국 Z세대의 사랑을 받고 있는 영상 플랫폼으로, 중국인들은 'B站(B zhàn)'이라고 부르기도 해요. 초기에는 애니메이션이나 게임 콘텐츠 중심이었지만, 현재는 브이로그, 맛집 탐방, 애완동물 등 다양한 영상 콘텐츠가 제작되고 있어요. 빌리빌리의 가장 큰 매력은 '弹幕(dànmù)', 바로 동영상 댓글 자막 시스템이에요. 쉽게 이야기하면 영상 위로 흘러가듯 지나가는 자막인데, 영상을 시청하는 도중 시청자가 댓글을 남기면 자막이 총알처럼 날아다니는 독특한 소통 방식이자 재미를 높이는 요소이기도 해요.

11

제주도 맛집 좀 추천해 줘.

推荐一下济州岛的美食店吧。

天天向上 나날이 좋아질 거예요!
언어를 배운다는 건 제 3의 눈이 생기는 것과 같아요. 새
로운 기회가 생기기도 하고 더 넓은 세상으로 나아가 견
문을 넓힐 수도 있어요. 노력은 배신하지 않는다는 말이
있듯이 지금처럼 열심히 노력하다 보면 여러분의 중국어
실력이 나날이 발전할 것이라고 믿어요! 유창하게 중국
어를 구사하는 내 모습, 생각만 해도 정말 멋지지 않나
요? 天天向上! 매일매일 조금씩 더 좋아질 거예요!

天天向上 tiān tiān xiàng shàng 나날이 발전하다

1 보기에서 알맞은 단어를 골라 빈칸에 써 보세요.

> 보기   里   喜欢   可是   打   学   爱好   呆   会

❶ 치다, 때리다, 하다   ☐

❷ 할 줄 알다   ☐

❸ 좋아하다   ☐

❹ 취미, 기호   ☐

❺ 머무르다, 빈둥거리다   ☐

❻ 안, 속   ☐

2 다음 문장을 완성해 보세요.

❶ 너희 평소에 뭐 해?   你们＿＿＿＿＿＿＿＿＿＿什么?

❷ 난 평소에 음악 듣는 거 좋아해.   我＿＿＿＿＿＿＿＿＿＿音乐。

❸ 너 테니스 칠 줄 알아?   你＿＿＿＿＿＿＿＿＿＿网球吗?

❹ 1년 배우긴 했는데, 잘 치지는 못해.

＿＿＿＿＿＿一年，＿＿＿＿＿＿打＿＿＿＿＿不＿＿＿＿＿＿。

❺ 너 취미 생활 있어?   你＿＿＿＿兴趣＿＿＿＿＿＿吗?

❻ 난 보통 집에서 노래 들어.   我＿＿＿＿＿＿＿家＿＿＿＿听歌。

3 빈칸에 알맞은 말을 써 보세요.

초	분	시간	일	주	개월	년
秒钟	分钟			个星期	个月	年
miǎozhōng		(ge) xiǎoshí		(ge)xīngqī	ge yuè	

群聊	qún liáo	명	단톡방
照片	zhàopiàn	명	사진
拍	pāi	동	사진을 찍다, 촬영하다
对	duì	형	맞다, 옳다
景色	jǐngsè	명	경치, 풍경
美	měi	형	예쁘다, 아름답다
好像	hǎoxiàng	동 부	마치 ~것 같다
过	guo	조	동사 뒤에 붙어 과거의 경험을 나타냄
发	fā	동	보내다, 발송하다, 업로드하다
条	tiáo	양	가지[항목 · 조목을 세는 양사]
打算	dǎsuàn	동	~할 계획이다, ~하려고 하다
济州岛	Jìzhōudǎo	명	제주도
推荐	tuījiàn	동	추천하다
一下	yíxià	양	좀 ~하다
美食店	měishí diàn	명	맛집
位置	wèizhì	명	위치, 주소
给	gěi	동	주다

1 사진 네가 찍은 거야?

pāi
nǐ pāi de
shì nǐ pāi de ma
Zhàopiàn shì nǐ pāi de ma?
照片是你拍的吗?

2 인스타에서 본 것 같아.

kàn guo
zài INS shàng kànguo
Hǎoxiàng zài INS shàng kànguo.
好像在INS上看过。

3 나 어제 인스타 올렸어.

fā
fāle
fāle yì tiáo INS
Wǒ zuótiān fāle yì tiáo INS.
我昨天发了一条INS。

4 너 언제 제주도 갈 계획인데?

dǎsuàn
dǎsuàn shénme shíhou qù
Nǐ dǎsuàn shénme shíhou qù Jìzhōudǎo?
你打算什么时候去济州岛?

杨洋　Qún liáo lǐ de zhàopiàn shì nǐ pāi de ma?
　　　群聊里的照片是你拍的吗？

朴智旻　Duì, shì wǒ pāi de. Búcuò ba?
　　　对，是我拍的。不错吧？

杨洋　Jǐngsè hǎo měi a! Hǎoxiàng zài INS shàng kànguo.
　　　景色好美啊！好像在INS上看过。

　　　Wǒ zuótiān fāle yì tiáo INS, kànle ma?
　　　我昨天发了一条INS，看了吗？

朴智旻　Kàn le, nǐ dǎsuàn shénme shíhou qù Jìzhōudǎo?
　　　看了，你打算什么时候去济州岛？

杨洋　Xià zhōu liù. Zhìmín, tuījiàn yíxià Jìzhōudǎo de měishí diàn ba.
　　　下周六。智旻，推荐一下济州岛的美食店吧。

朴智旻　Hǎo de, wǒ fā ge wèizhì gěi nǐ ba.
　　　好的，我发个位置给你吧。

05 회화 해설

여행

| 杨洋 | Qún liáo lǐ de zhàopiàn shì nǐ pāi de ma?
群聊里的照片是你拍的吗?
단톡방 사진 네가 찍은 거야? | '명사+里'의 구조로 쓰여 보통 명사를 장소화 할 수 있어요. |

| 朴智旻 | Duì, shì wǒ pāi de. Búcuò ba?
对，是我拍的。不错吧?
응, 내가 찍은 거야. 괜찮지? | |

| 杨洋 | Jǐngsè hǎo měi a! Hǎoxiàng zài INS shàng kànguo.
景色好美啊！好像在INS上看过。
경치가 정말 예쁘네! 인스타에서 본 것 같기도 하고.

Wǒ zuótiān fāle yì tiáo INS, kànle ma?
我昨天发了一条INS，看了吗?
나 어제 인스타 올렸는데, 봤어? | 好는 부사로 '아주, 퍽, 꽤'라는 의미로 정도가 심함 또는 감탄의 어기를 나타내요.
在…上은 범위나 방면을 나타낼 때 사용하며, '~에(서), ~면에서'로 해석할 수 있어요.

发는 '보내다, 발송하다'라는 의미로 메일이나 문자 등을 보낼 때 사용해요.
条는 소식이나 뉴스 등 조목, 항목으로 나눌 수 있는 것을 셀 때 사용하는 양사예요. |

| 朴智旻 | Kàn le, nǐ dǎsuàn shénme shíhou qù Jìzhōudǎo?
看了，你打算什么时候去济州岛?
봤어. 너 언제 제주도 갈 계획인데? | |

| 杨洋 | Xià zhōu liù. Zhìmín, tuījiàn yíxià Jìzhōudǎo de měishí diàn ba.
下周六。智旻，推荐一下济州岛的美食店吧。
다음주 토요일. 지민아, 제주도 맛집 좀 추천해 줘. | 推荐은 '추천하다'라는 의미로 뒤에는 추천하려는 구체적인 내용이 나와요. |

| 朴智旻 | Hǎo de, wǒ fā ge wèizhì gěi nǐ ba.
好的，我发个位置给你吧。
알았어, 내가 주소 보내 줄게. | |

是我拍的。不错吧? 내가 찍은 거야. 괜찮지?

Nǐmen liǎ shì zěnme rènshi de?
你们俩是怎么认识的? 너희 둘은 어떻게 알게 된 거야?

Zhè ěrhuán shì zài wǎngshàng mǎi de.
这耳环是在网上买的。 이 귀걸이는 인터넷으로 산 거야.

Zhìmín shì jiǔwǔ nián chūshēng de.
智旻是九五年出生的。 지민이는 95년생이야.

Wǒ búshì lái kàn nǐ de.
我不是来看你的。 나 너 보러 온 거 아니야.

是…的구문은 이미 실현된 행위나 발생한 동작의 시간, 장소, 방식, 목적, 행위자 등을 강조할 때 사용해요.
긍정문의 是는 생략할 수 있지만 부정문의 是는 생략할 수 없어요.

긍정	주어 + (是) + 강조하는 내용 + 的
부정	주어 + 不是 + 강조하는 내용 + 的

好像在INS上看过。 인스타에서 본 것 같아.

Wǒ hǎoxiàng gǎnmào le, yǒudiǎn nánshòu.
我好像感冒了,有点难受。 나 감기 걸렸나 봐, 좀 힘들어.

Tā zuìjìn hǎoxiàng yǒu xīnshì.
她最近好像有心事。 걔는 요즘 걱정거리가 있는 거 같아.

Wǒ hǎoxiàng zài nǎr jiànguo nǐ.
我好像在哪儿见过你。 어디서 뵌 적이 있는 것 같아요.

好像은 '마치 ～와 같다', '～인 것 같다'는 의미로 비유나 추측을 할 때 사용해요.

단어

俩 liǎ (구어체로) 두 개, 두 사람   **耳环** ěrhuán 명 귀걸이   **出生** chūshēng 동 출생하다   **感冒** gǎnmào 명 동 감기(에 걸리다)   **难受** nánshòu 형 괴롭다, 견딜 수 없다   **心事** xīnshì 명 걱정거리

好像在INS上看过。 인스타에서 본 것 같아.

Wǒ jiànguo tā.
我见过她。 나 걔 본 적 있어.

Nǐ chīguo qiān céng Rìshì huǒguō ma?
你吃过千层日式火锅吗？ 너 밀푀유나베 먹어 봤어?

Nǐmen méi láiguo zhèr ba?
你们没来过这儿吧？ 너희 여기 와 본 적 없지?

동태조사 过는 과거의 경험을 나타내고 '～한 적이 있다'라는 의미로 쓰이며, 과거의 경험을 부정하여 '～한 적이 없다'는 의미를 나타낼 때는 부정부사 没를 사용해요.

긍정	주어 ✚ 술어(동사) ✚ 过 ✚ 목적어
부정	주어 ✚ 没 ✚ 술어(동사) ✚ 过 ✚ 목적어

你打算什么时候去济州岛？ 너는 언제 제주도 갈 계획이야?

Nǐ jīnwǎn dǎsuàn zuò shénme?
你今晚打算做什么？ 너 오늘 저녁에 뭐 할 계획이야?

Zhōumò wǒ dǎsuàn hé jiārén yìqǐ qù lùyíng.
周末我打算和家人一起去露营。 나 주말에 가족들이랑 같이 캠핑 갈 거야.

Tā dǎsuàn míngnián chūguó liúxué.
他打算明年出国留学。 걔는 내년에 해외로 유학 가.

打算은 '～할 계획이다, ～할 예정이다'라는 의미로 원래 하려고 한 일이나 미래의 계획을 이야기할 때 사용해요.

기본	주어 ✚ 打算 ✚ 술어(동사) ✚ 목적어

단어

层 céng 양 층, 겹, 레이어   日式 Rìshì 명 일본식, 일식   火锅 huǒguō 명 훠궈[중국식 샤브샤브]   千层日式火锅 qiān céng Rìshì huǒguō 명 밀푀유나베   家人 jiārén 명 가족, 식구   露营 lùyíng 명 동 캠핑(하다)   出国 chūguó 동 출국하다   留学 liúxué 동 유학하다

推荐一下济州岛的美食店吧。 제주도 맛집 좀 추천해 줘.

Wǒ zhǐ xiǎng hǎohāor xiūxi yíxià.
我只想好好儿休息一下。 난 단지 좀 쉬고 싶을 뿐이야.

Wǒ lái jièshào yíxià wǒ de shìyǒu.
我来介绍一下我的室友。 내 룸메이트를 소개할게.

Wǒ kěyǐ shì yíxià ma?
我可以试一下吗? 내가 한 번 해 봐도 될까?
(내가 한 번 입어 봐도 될까? / 내가 한 번 신어 봐도 될까?)

'동사+一下'는 '좀 ～하다', '시험삼아 해보다'의 의미로 요청과 부탁의 의미를 지닌 완곡한 표현이에요.

기본	주어＋술어(동사)＋一下
확장	주어＋술어(동사)＋一下＋목적어

我发个位置给你吧。 내가 너한테 주소 보내 줄게.

Zhège gěi nǐ.
这个给你。 이거 너 줄게.

Qǐng gěi wǒ fāpiào.
请给我发票。 영수증 주세요.

동사 용법	给＋A＋B
전치사 용법	给＋A＋술어(동사)＋목적어

동사 给는 '주다'라는 의미로 쓰여요. '给+사람 목적어+사물 목적어'의 구조로 쓰여 '～에게 ～을 주다'라는 뜻을 나타내며 '사물 목적어'는 생략할 수 있어요. 给는 전치사로도 쓰이는데, 이 경우 '给+사람' 구조로 '～에게'라는 의미를 나타내요.

Wǒ yíhuìr gěi nǐ dǎ diànhuà.
我一会儿给你打电话。 내가 좀 이따 너한테 전화할게.

Zhè shì wǒ māma gěi wǒ mǎi de lǐwù.
这是我妈妈给我买的礼物。 이건 엄마가 나한테 사 주신 선물이야.

단어

好好儿 hǎohāor 부 잘, 충분히, 마음껏 **介绍** jièshào 동 소개하다 **室友** shìyǒu 명 룸메이트 **试** shì 동 시도하다, 시험하다 **发票** fāpiào 명 영수증 **礼物** lǐwù 명 선물 **打电话** dǎ diànhuà 전화를 걸다

1 A 是 B 的。 A는 B한 거야.

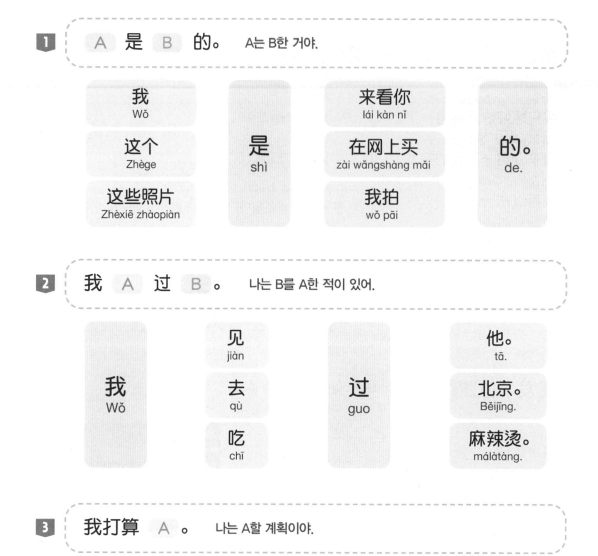

我 Wǒ		来看你 lái kàn nǐ	
这个 Zhège	是 shì	在网上买 zài wǎngshàng mǎi	的。 de.
这些照片 Zhèxiē zhàopiàn		我拍 wǒ pāi	

2 我 A 过 B。 나는 B를 A한 적이 있어.

	见 jiàn		他。 tā.
我 Wǒ	去 qù	过 guo	北京。 Běijīng.
	吃 chī		麻辣烫。 málàtàng.

3 我打算 A 。 나는 A할 계획이야.

	搬家。 bānjiā.
我打算 Wǒ dǎsuàn	去爬山。 qù pá shān.
	和朋友们去露营。 hé péngyoumen qù lùyíng.

단어

这些 zhèxiē 대 이것들, 이런 것들　北京 Běijīng 명 베이징　麻辣烫 málàtàng 명 마라탕　搬家 bānjiā 통 이사하다　爬山 pá shān 통 등산하다

① Wǒ shì lái kàn nǐ de.
我是来看你的。

② Zhàopiàn shì wǒ pāi de.
照片是我拍的。

③ Wǒ qùguo Běijīng.
我去过北京。

④ Wǒ chīguo huǒguō.
我吃过火锅。

① Zhège gěi nǐ.
这个给你。

② Qǐng gěi wǒ zhège.
请给我这个。

③ Nǐ dǎsuàn zuò shénme?
你打算做什么？

④ Wǒ dǎsuàn qù pá shān.
我打算去爬山。

11 연습문제

1 녹음을 듣고 발음에 주의하며 따라 읽어 보세요.

> Jìzhōudǎo dǎsuàn tuījiàn wèizhì měi jǐngsè tiáo fā
>
> qún liáo zhàopiàn hǎoxiàng yíxià duì měishí gěi pāi

2 녹음을 듣고 빈칸에 알맞은 한어병음을 써 보세요.

❶ _____ _____ lǐ de _____ shì nǐ _____ de ma?

❷ _____ _____ INS _____ _____.

❸ Nǐ _____ shénme _____ qù Jìzhōudǎo?

❹ Zhìmín, _____ _____ Jìzhōudǎo de _____ _____ ba.

❺ Hǎo de, wǒ _____ _____ _____ _____ nǐ ba.

3 녹음을 듣고 잘못된 부분에 밑줄을 긋고 바르게 고쳐 보세요.

> 예 Bú<u>c</u>òu ba?   (cuò   )

❶ Cún liáo lǐ de zàopiàn shì nǐ pāi de ma?   (,   )

❷ Zǐngsè hǎo méi a!   (,   )

❸ Hǎoshàng zài INS xiàng kànguo.   (,   )

❹ Hǎo de, wǒ pā ge wèizi gěi nǐ ba.   (,   )

4 뜻을 보고 알맞은 한어병음과 한자를 연결해 보세요.

사진	●	●	duì	●	●	好像
추천하다	●	●	fā	●	●	照片
사진을 찍다	●	●	gěi	●	●	打算
주다	●	●	hǎoxiàng	●	●	对
보내다, 업로드하다	●	●	zhàopiàn	●	●	给
맞다, 옳다	●	●	dǎsuàn	●	●	拍
마치 ~인 것 같다	●	●	pāi	●	●	推荐
~할 계획이다	●	●	tuījiàn	●	●	发

5 단어를 바르게 배열해 문장을 완성해 보세요.

❶ 的 照片 吗 你 群聊 拍 里 是 的

_____

단톡방 사진 네가 찍은 거야?

❷ 在 景色 好 过 上 好像 啊 INS 美 看

_____

경치가 정말 예쁘대! 인스타에서 본 것 같기도 하고.

❸ 打算 时候 济州岛 你 什么 去

_____

너 언제 제주도에 갈 계획이야?

❹ 一下 美食店 吧 推荐 的 济州岛

_____

제주도 맛집 좀 추천해 줘.

❺ 发 的 位置 吧 给 好 个 你 我

_____

알았어, 내가 주소 보내 줄게.

6 다음 문장을 중국어로 쓰고 큰 소리로 말해 보세요.

① 이건 내가 찍은 사진이야.

✎ ....

② 나 그녀를 만난 적이 있는 것 같아.

✎ ....

③ 나 어제 인스타 올렸는데, 봤어?

✎ ....

④ 너 언제 중국에 갈 계획인데?

✎ ....

⑤ 근처 맛집 좀 추천해 줘.

✎ ....

⑥ 이거 너 줄게.

✎ ....

7 다음 문장을 따라 쓰고 반복해서 읽어 보세요.

① 群聊里的照片是你拍的吗？

② 景色好美啊！好像在INS上看过。

③ 你打算什么时候去济州岛？

④ 我可以试一下吗？

⑤ 我一会儿给你打电话。

⑥ 我发个位置给你吧。

14 플러스 표현

체크 리스트

- [ ] **行李箱** xínglǐxiāng 캐리어
- [ ] **护照** hùzhào 여권
- [ ] **机票** jīpiào 항공권
- [ ] **插排** chā pái 멀티탭
- [ ] **充电器** chōngdiànqì 충전기
- [ ] **充电宝** chōngdiànbǎo 보조배터리
- [ ] **自拍杆** zìpāigǎn 셀카봉
- [ ] **护肤品** hùfūpǐn 기초 화장품
- [ ] **牙膏** yágāo 치약
- [ ] **牙刷** yáshuā 칫솔
- [ ] **梳子** shūzi 머리빗
- [ ] **纸巾** zhǐjīn 휴지
- [ ] **湿巾** shījīn 물티슈
- [ ] **保鲜袋** bǎoxiāndài 지퍼백
- [ ] **雨伞** yǔsǎn 우산

중국에서도 핫플 도장 깨기가 유행이다?

최근 중국에서는 주말이나 여가 시간을 활용해 맛집이나 카페 등 핫 플레이스(핫플)를 찾아다니는 게 유행이에요. 핫플에 찾아가 사진이나 영상을 찍어 SNS에 인증하는 일명 '핫플 도장 깨기(探店 tàn diàn)'는 중국인들의 새로운 문화로 자리잡게 되었어요. 중국에는 어떤 핫플이 있는지 함께 살펴볼까요?

꼭 가 봐야 하는 지역별 핫플

1 五道营胡同 Wǔdào yíng hútòng **우다오잉 후퉁, 베이징의 익선동**

베이징의 전통 주택 '사합원(四合院 sìhéyuàn)'을 연결하는 골목을 '후퉁'이라고 해요. 오랜 시간 서민들의 소중한 생활 터전이었던 후퉁은 현재 우리나라의 북촌 한옥마을이나 익선동 같은 관광 거리로 바뀌고 있어요. 그중 우다오잉 후퉁에는 갤러리·공방·식당·카페 등 여러 작은 가게들이 즐비해 있는데, 아기자기하고 전통적인 분위기를 느낄 수 있어 젊은 세대 사이에서 핫플로 떠오르고 있어요.

2 武康路 Wǔkānglù **우캉루, 상하이의 작은 유럽**

중국 상하이의 작은 유럽으로 불리는 우캉루는 옛 프랑스 조계지가 있었던 곳이에요. 가로수가 잘 드리워진 도로 양쪽으로 아름다운 유럽식 건축물들이 줄지어 있어 이국적인 정취가 물씬 풍겨요. 분위기 좋은 부티크와 카페, 베이커리 등이 있어 걷기만 해도 힐링이 되는 이 곳은 상하이 사람들에게 사랑받는 핫플 중 하나예요.

• 핫플 공유 어플 추천!

> **大众点评** Dàzhòng diǎnpíng **다중뎬핑**
>
> 다중뎬핑은 중국 현지인들이 가장 많이 사용하는 핫플 공유 어플이에요. 사용자에게 상점의 영업시간·주소·전화번호 등 기본 정보를 제공하고, 별점·추천 메뉴·추천수 및 일인당 평균 소비 금액도 확인할 수 있어서 손쉽게 로컬 상점을 찾을 수 있어요. 동시에 공동 구매·식당 예약·배달 등 사용자의 편의를 위한 서비스도 제공하고 있어요.

12

너 중드에 관심 있었구나!

原来你对中国电视剧感兴趣！

一切会好的 모두 잘될 거예요

여러분 벌써 마지막 과만 남았어요...! 성조를 배우고 한어병음을 익히던 게 엊그제 같은데, 지금은 중국 여행을 가도 당당하게 중국어로 말할 수 있게 되었네요! 이제 곧 중국어의 첫걸음을 떼고 더 높은 곳으로 도약할 여러분, 앞으로 모든 일이 잘 풀릴 거라고 믿어요!

一切会好的 yíqiè huì hǎo de 모두 잘될 거야

1 보기에서 알맞은 단어를 골라 빈칸에 써 보세요.

보기　　发　好像　给　打算　照片　对　一下　拍

❶ ~에게, ~를 향하여 ☐

❷ 찍다, 촬영하다 ☐

❸ 마치 ~과 같다 ☐

❹ 보내다, 업로드하다 ☐

❺ 맞다, 옳다 ☐

❻ ~할 계획이다, ~하려고 하다 ☐

2 다음 문장을 완성해 보세요.

❶ 단톡방에 사진 네가 찍은 거야?

群聊＿＿＿＿的＿＿＿＿＿是你＿＿＿＿的吗？

❷ 인스타에서 본 것 같기도 하고.

＿＿＿＿＿＿＿INS＿＿＿看＿＿＿。

❸ 내가 어제 올린 인스타 봤어?

我昨天＿＿＿＿＿一＿＿＿＿＿INS，＿＿＿＿＿吗？

❹ 너 언제 제주도 갈 계획인데?

你＿＿＿＿＿＿＿＿＿＿去济州岛？

❺ 제주도 맛집 좀 추천해 줘.

＿＿＿＿＿＿＿＿＿＿＿济州岛的美食店吧。

❻ 내가 너한테 주소 보내줄게.

我＿＿＿＿＿＿个位置＿＿＿＿＿你吧。

无聊	wúliáo	형	심심하다, 따분하다
周末	zhōumò	명	주말
小狗	xiǎogǒu	명	강아지
汉江	Hànjiāng	명	한강
散步	sànbù	동	산책하다
不行	bù xíng	형	안 된다, 허락할 수 없다
自己	zìjǐ	대	자기, 자신
事	shì	명	일
离	lí	전	~에서, ~까지, ~로부터
远	yuǎn	형	멀다
而且	érqiě	접	또한, 게다가
原来	yuánlái	부	알고 보니
感兴趣	gǎn xìngqù	동	관심을 갖다, 흥미를 느끼다
嗯	èng	감	응, 그래[구어 표현]
男主	nán zhǔ	명	남주, 남자 주인공[=男主角(nán zhǔjué)]
帅	shuài	형	멋지다, 잘생기다
被	bèi	전	~에게 ~당하다[동사 앞에 쓰여 피동을 나타냄]
圈粉	quān fěn	명 동	입덕(하다)
整天	zhěngtiān	명	하루 종일, 온종일
应该	yīnggāi	조동	마땅히 ~해야 한다, ~하는 것이 당연하다
出去	chūqù	동	나가다, 외출하다

1 우리 강아지 데리고 한강에 산책 가자.

dài xiǎogǒu
dài xiǎogǒu qù Hànjiāng
dài xiǎogǒu qù Hànjiāng sànsan bù
Zánmen dài xiǎogǒu qù Hànjiāng sànsan bù ba.
咱们带小狗去汉江散散步吧。

2 한강은 우리 집에서 너무 멀어.

lí
lí wǒ jiā
lí wǒ jiā tài yuǎn
Hànjiāng lí wǒ jiā tài yuǎn le.
汉江离我家太远了。

3 너 중드에 관심 있었구나!

gǎn xìngqù
duì Zhōngguó diànshìjù gǎn xìngqù
Yuánlái nǐ duì Zhōngguó diànshìjù gǎn xìngqù!
原来你对中国电视剧感兴趣!

4 자주 나가서 돌아다녀야 해.

yīnggāi
yīnggāi duō chūqù
Yīnggāi duō chūqù zǒuzou.
应该多出去走走。

杨洋 Hǎo wúliáo, zhōumò zánmen dài xiǎogǒu qù Hànjiāng sànsan bù ba.
好无聊，周末咱们带小狗去汉江散散步吧。

朴智旻 Bù xíng, nǐ zìjǐ qù ba.
不行，你自己去吧。

杨洋 Zěnme le? Zhōumò yǒu shì ma?
怎么了？周末有事吗？

朴智旻 Hànjiāng lí wǒ jiā tài yuǎn le.
汉江离我家太远了。

Érqiě wǒ zuìjìn yìzhí zài kàn Zhōngguó diànshìjù, hěn shǎo chūmén.
而且我最近一直在看中国电视剧，很少出门。

杨洋 Yuánlái nǐ duì Zhōngguó diànshìjù gǎn xìngqù!
原来你对中国电视剧感兴趣！

朴智旻 Èng! Nán zhǔ tài shuài le, wǒ bèi tā quān fěn le.
嗯！男主太帅了，我被他圈粉了。

杨洋 Nǐ bú yào zhěngtiān dāi zài jiā li, yīnggāi duō chūqù zǒuzou.
你不要整天呆在家里，应该多出去走走。

05 회화 해설

주말

杨洋	Hǎo wúliáo, zhōumò zánmen dài xiǎogǒu qù Hànjiāng sànsan bù ba.
	好无聊，周末咱们带小狗去汉江散散步吧。
	너무 심심한데, 주말에 강아지 데리고 한강 산책 가자.

带+대상+去는 '(대상)을 데리고 가다'의 의미로 쓰여요.

朴智旻	Bù xíng, nǐ zìjǐ qù ba.
	不行，你自己去吧。
	안 돼, 혼자 가.

不行은 '좋다, 괜찮다'라는 의미를 가진 行의 부정 표현으로, 대답할 때 거절의 뜻을 표현하기 위해 사용해요.

杨洋	Zěnme le? Zhōumò yǒu shì ma?
	怎么了？周末有事吗？
	왜? 주말에 무슨 일 있어?

朴智旻	Hànjiāng lí wǒ jiā tài yuǎn le.
	汉江离我家太远了。
	한강은 우리 집에서 너무 멀어.

	Érqiě wǒ zuìjìn yìzhí zài kàn Zhōngguó diànshìjù,
	而且我最近一直在看中国电视剧，
	그리고 나 요즘 계속 중드 보느라,

一直는 '줄곧, 계속해서'라는 뜻으로 과거에서 현재 혹은 현재에서 미래 등 시간의 제한 없이 한 번 시작된 동작이나 상태가 계속 지속됨을 나타내요.

	hěn shǎo chūmén.
	很少出门。
	집에서 잘 안 나가.

少는 '少+동사'의 구조로 '드물게, 거의 ~하지 않다'의 의미로 쓰여요.

杨洋	Yuánlái nǐ duì Zhōngguó diànshìjù gǎn xìngqù!
	原来你对中国电视剧感兴趣！
	너 중드에 관심 있었구나!

原来는 '원래, 본래'라는 의미의 부사로 주어의 앞이나 뒤에 놓일 수 있어요.

朴智旻	Èng! Nán zhǔ tài shuài le, wǒ bèi tā quān fěn le.
	嗯！男主太帅了，我被他圈粉了。
	응! 남주가 너무 잘생겨서, 나 입덕했어.

杨洋	Nǐ bú yào zhěngtiān dāi zài jiā li, yīnggāi duō chūqù zǒuzou.
	你不要整天呆在家里，应该多出去走走。
	하루 종일 집에만 있으면 안 돼. 자주 나가서 돌아다녀야지.

多는 '多+동사'의 구조로 '많이 ~하다'라는 의미로 쓰여요.
走走는 '가다'의 뜻을 가진 동사 走의 중첩형으로, 가볍게 걷는다는 느낌으로 사용해요.

周末咱们带小狗去汉江散散步吧。
우리 주말에 강아지 데리고 한강 산책 가자.

Wǒ xiǎng hé nǐ liáoliao tiān.
我想和你聊聊天。　　　나 너랑 이야기하고 싶어.

Qǐng nǐ bāngbang máng.
请你帮帮忙。　　　저 좀 도와주세요.

Xīnqíng bù hǎo, jiù qù chàngchang gē ba!
心情不好，就去唱唱歌吧!　　　기분 안 좋으면, 노래하러 가자!

'1음절 동사+1음절 목적어'의 형태로 이루어진 이합사는 두 음절을 분리할 수 있는 독특한 특징이 있어요. 일부 이합사는 중첩할 수 있는데 동사에 해당하는 한 음절만 중첩해 AAB의 형태로 쓰여요.

자주 쓰이는 이합사 — 중첩 가능 : 见面 jiànmiàn 만나다　跳舞 tiàowǔ 춤을 추다　洗澡 xǐzǎo 목욕을 하다

중첩 불가 : 毕业 bìyè 졸업하다　结婚 jiéhūn 결혼하다　生气 shēngqì 화내다

汉江离我家太远了。　한강은 우리 집에서 너무 멀어.

Xuéxiào lí wǒ jiā hěn jìn.
学校离我家很近。　　　학교는 우리 집에서 가까워.

긍정 A＋离＋B＋很＋近/远
부정 A＋离＋B＋不＋近/远

Kāfēitīng lí cāntīng bú tài yuǎn.
咖啡厅离餐厅不太远。　　　카페는 식당에서 별로 멀지 않아.

Lí zhèr zuì jìn de chāoshì zài nǎlǐ?
离这儿最近的超市在哪里?　　　여기서 제일 가까운 마트가 어디야?

Nǐmen gōngsī lí dìtiězhàn yǒu duō yuǎn?
你们公司离地铁站有多远?　　　너희 회사는 지하철역에서 얼마나 멀어?

전치사 离는 '~에서, ~로 부터'의 의미로 사물, 장소 간의 거리를 표현하며, 离뒤에 가깝다는 '近'과 멀다는 '远'을 붙여 사용할 수 있어요. 거리를 물을 때는 '(거리가) 얼마나 되나요?'라는 의미의 有多远을 사용해요.

단어
聊天 liáotiān 통 수다를 떨다, 이야기를 나누다　**帮忙** bāngmáng 통 돕다, 일을 거들어주다　**唱歌** chànggē 통 노래를 부르다　**餐厅** cāntīng 명 식당　**超市** chāoshì 명 마트, 슈퍼마켓　**地铁站** dìtiězhàn 명 지하철역

我最近一直在看中国电视剧。 나 요즘 계속 중드 보고 있어.

Wǒmen zài chī fàn (ne).
我们在吃饭(呢)。 우리 밥 먹는 중이야.

Wǒ zhèng yào gēn nǐ shuō ne.
我正要跟你说呢。 나 안 그래도 너한테 얘기하려고 했어.

Tā zuìjìn zài zhǔnbèi gōngwùyuán kǎoshì.
她最近在准备公务员考试。 걔는 요즘 공무원 시험 준비하고 있어.

동작의 진행을 나타낼 때는 부사 正, 在와 어기조사 呢를 함께 사용해 正在…呢의 구조로 '(마침) ~하고 있다'라는 의미를 나타내요. 正은 동작이나 행위의 진행 시점을 강조하고 在는 동작이나 행위의 진행 상태를 강조해요. 동작의 진행 시점을 강조하는 正은 진행 상태를 나타내는 在, 呢없이 단독으로 사용할 수 없어요.

> 기본 주어 + 正(在) + 술어(동사) + 목적어 + (呢)

原来你对中国电视剧感兴趣! 너 중드에 관심 있었구나!

Wǒ duì lìshǐ hěn gǎn xìngqù.
我对历史很感兴趣。 나는 역사에 관심 있어.

Nǐ duì shénme gǎn xìngqù?
你对什么感兴趣? 네 관심사는 뭐야?

Tā duì shíshàng bù gǎn xìngqù.
她对时尚不感兴趣。 걔는 패션에 관심이 없어.

> 긍정 A + 对 + B + 感兴趣
> 부정 A + 对 + B + 不感兴趣

对…感兴趣는 '~에 대해 관심이 있다'라는 의미를 나타내요. 반대로 '~에 대해 관심이 없다'라고 말할 때는 'A+对+B+不感兴趣'의 형식으로 표현해요.

단어

准备 zhǔnbèi 图 준비하다　**公务员** gōngwùyuán 圄 공무원　**历史** lìshǐ 圄 역사　**时尚** shíshàng 圄 패션

男主太帅了，我被他圈粉了。 남주가 너무 잘생겨서, 나 입덕했어.

Nǐ bèi tā piàn le.
你被他骗了。　　　　　　너 걔한테 속았어.

Wǒ de kuàidì bèi biérén názǒu le.
我的快递被别人拿走了。　내 택배를 다른 사람이 가지고 갔어.

Jīntiān wǒmen bèi lǎoshī pīpíng le.
今天我们被老师批评了。　오늘 우리 선생님한테 혼났어.

Wǒmen bèi tā mízhù le.
我们被他迷住了。　　　　우리는 그에게 매료되었다.

피동을 나타내는 被는 '~에 의해 ~되다'라는 의미로, 주어가 어떤 대상에 의해 행위를 당할 때 사용하며 '행위를 당한 사실'을 강조하는 구문이에요. 동작의 주체는 말하는 사람과 듣는 사람 모두가 아는 대상일 경우 생략할 수 있어요. 동사는 단독으로 쓰일 수 없고, 결과나 변화 등의 기타성분과 함께 쓰여요.

기본 **주어 + 被 + 동작의 주체 + 술어(동사) + 기타성분**

应该多出去走走。 자주 나가서 돌아다녀야 해.

Nǐ bù yīnggāi chī tài duō táng.
你不应该吃太多糖。　　　너 설탕 너무 많이 먹으면 안 돼.

Zuòwéi xuéshēng, wǒmen yīnggāi nǔlì xuéxí.
作为学生，我们应该努力学习。　학생으로서 우리는 열심히 공부해야 해.

Dàjiā yīnggāi shǎo yòng sùliàobēi.
大家应该少用塑料杯。　우리 모두 플라스틱 컵 사용을 줄여야 해.

조동사 应该은 '마땅히 ~해야 한다'는 의미로 도리상 혹은 사실상의 필요를 나타내며 건의, 제안하거나 자신의 생각을 이야기할 때 쓰여요.

1 我在 A 呢。 나 A하는 중이야.

我在 Wǒ zài	散步 sànbù 洗澡 xǐzǎo 看电视 kàn diànshì	呢。 ne.

2 我对 A 感兴趣。 나는 A에 관심이 있어.

我对 Wǒ duì	你 nǐ 爱豆 ài dòu 美术 měishù	感兴趣。 gǎn xìngqù.

3 A 被 B C。 A는 B에 의해 C했어.

我 Wǒ		我哥哥 wǒ gēge	骗了。 piàn le.
我们 Wǒmen	被 bèi	他 tā	迷住了。 mízhù le.
我的快递 Wǒ de kuàidì		别人 biérén	拿走了。 názǒu le.

단어

电视 diànshì 명 TV　爱豆 ài dòu 명 아이돌　美术 měishù 명 미술

10 챈트

MP3 12-05

1

Wǒ xiǎng hé nǐ liáoliao tiān.

我想和你聊聊天。

2

Wǒ zài xuéxí ne.

我在学习呢。

3

Wǒ xiǎng hé nǐ sànsan bù.

我想和你散散步。

4

Wǒ zài gōngzuò ne.

我在工作呢。

1

Nǐ duì shénme gǎn xìngqù?

你对什么感兴趣？

2

Wǒ duì ài dòu gǎn xìngqù.

我对爱豆感兴趣。

3

Wǒ bèi tā quān fěn le.

我被他圈粉了。

4

Wǒ bèi tā mízhù le.

我被他迷住了。

12과 11

MP3 12-06

1 녹음을 듣고 발음에 주의하며 따라 읽어 보세요.

> zhěngtiān shuài xiǎogǒu wúliáo sànbù chūqù èng zìjǐ
>
> yuánlái zhōumò yīnggāi quān fěn érqiě yuǎn xíng bèi

2 녹음을 듣고 빈칸에 알맞은 한어병음을 써 보세요.

❶ Zánmen _____ _____ qù Hànjiāng _____ _____ ba.

❷ Hànjiāng _____ wǒ jiā _____ _____ le.

❸ Wǒ zuìjìn _____ _____ _____ Zhōngguó _____.

❹ _____ nǐ _____ Zhōngguó _____ _____ _____!

❺ Nǐ _____ _____ _____ _____ zài jiā li,

_____ duō _____ _____.

3 녹음을 듣고 잘못된 부분에 밑줄을 긋고 바르게 고쳐 보세요.

> 예 Zhème yǒu shì ma?   (zhōumò   )

❶ Hǎo wúráo.   (   )

❷ Ǹg! Nán zhǔ tài shài le.   (,   )

❸ Wǒ biè tā cuān fěn le.   (,   )

❹ Nǐ yīngāi duō chūqù zóuzóu.   (,   )

4 뜻을 보고 알맞은 한어병음과 한자를 연결해 보세요.

뜻		한어병음		한자
멀다	●	● gǎn xìngqù ●		远
관심을 갖다	●	● yuǎn ●		● 应该
또한, 게다가	●	● bèi ●		● 不行
~에게 ~당하다	●	● yīnggāi ●		● 出去
안 된다, 허락할 수 없다	●	● lí ●		● 而且
~에서, ~까지, ~로부터	●	● bù xíng ●		● 离
나가다, 외출하다	●	● érqiě ●		● 被
마땅히 ~해야 한다	●	● chūqù ●		● 感兴趣

5 단어를 바르게 배열해 문장을 완성해 보세요.

❶ 汉江　咱们　吧　周末　带　散散步　去　小狗

_____

주말에 우리 강아지 데리고 한강 산책 가자.

❷ 家　了　汉江　太　我　远　离

_____

한강에서 우리 집은 너무 멀어.

❸ 一直　电视剧　出门　我　看　很　最近　少　在　中国

_____

나 요즘 계속 중드 보느라 집에서 잘 안 나가.

❹ 圈粉　我　了　男主　嗯　太　他　了　帅　被

_____

응! 남주가 너무 잘생겨서, 나 입덕했어.

❺ 出去　不要　走走　你　家　呆　多　应该　里　整天　在

_____

하루 종일 집에만 있지 말고, 자주 나가서 돌아다녀.

6 다음 문장을 중국어로 쓰고 큰 소리로 말해 보세요.

❶ 우리 강아지 데리고 산책 가자.

✎ ....

❷ 안 돼, 너 혼자 가.

✎ ....

❸ 한강은 우리 집에서 너무 멀어.

✎ ....

❹ 우리 밥 먹는 중이야.

✎ ....

❺ 네 관심사는 뭐야?

✎ ....

❻ 너 걔한테 속았어.

✎ ....

7 다음 문장을 따라 쓰고 반복해서 읽어 보세요.

❶ 好无聊，周末咱们带小狗去汉江散散步吧。

❷ 离这儿最近的超市在哪里？

❸ 我最近一直在看中国电视剧，很少出门。

❹ 今天我们被老师批评了。

❺ 你不应该吃太多糖。

❻ 你不要整天呆在家里，应该多出去走走。

dú shū **读书** 독서	tīng yīnyuè **听音乐** 음악 듣기	hōngbèi **烘焙** 베이킹
kàn diànyǐng **看电影** 영화 감상	wán yóuxì **玩游戏** 게임하기	zháijiā yùndòng **宅家运动** 홈트 하기
kàn wǎngluò mànhuà **看网络漫画** 웹툰 보기	qù lǚxíng **去旅行** 여행 가기	shuā jù **刷剧** 드라마 정주행

중국에도 꿀잼 예능 프로그램이 있다?

중국은 지역별로 많은 방송국이 있고 방영되는 TV 채널 또한 정말 다양해요. 드라마 · 뉴스 · 예능 · 교양 등 다양한 부문의 프로그램이 방영되고 있는데, 그중 중국 젊은 세대의 취향을 저격한 '예능' 프로그램들이 인기가 많아요. 중국의 꿀잼 예능 프로그램 함께 살펴볼까요?

🔟 快乐大本营 Kuàilè dàběnyíng 쾌락대본영

후난위성TV(湖南卫视 Húnán wèishì)의 게임 버라이어티 쇼로, 1997년부터 지금까지 중국인들의 사랑을 받고 있는 중국 대표 예능 프로그램이에요. 중국의 유재석이라고 불리는 국민 MC 허중(何炅 Hé Jiǒng)과 초호화 게스트들이 출현해 토크와 게임 그리고 특별 무대를 진행하며 시청자를 사로잡고 있어요. 종종 중국에 진출한 한국 연예인들이 게스트로 출현하기도 해요.

2️⃣ 非诚勿扰 Fēi chéng wù rǎo 두근두근 스위치

장쑤위성TV(江苏卫视 Jiāngsū wèishì)의 커플 매칭 프로그램으로, 중국인들이 즐겨보는 예능 프로그램 중 하나예요. 여성 게스트 24명이 출현해 남성 게스트에 대해 알아본 뒤 스위치를 누르는 방식으로 마음을 표현하고, 최종적으로 커플로 매칭되는 포맷이에요. 한국과 비슷한 듯 다른 중국 젊은 세대의 연애와 결혼에 대한 가치관을 엿볼 수 있을 뿐만 아니라 중국의 최신 유행어도 쉽게 배울 수 있어요.

3️⃣ 美食告白记 Měishí gàobái jì 미식고백기

중국 연예인 게스트가 감사를 전하고 싶은 누군가를 위해 직접 음식을 만들어 대접하는 리얼리티 프로그램이에요. 연예인들의 숨겨진 일상과 함께 직접 요리하는 모습을 볼 수 있고, 따뜻함과 감동을 느낄 수 있는 프로그램이라 인기가 많아요. 또한 게스트들이 자신의 고향 요리를 보여주기도 하는데, 중국 각 지역의 특색 요리를 보는 재미가 쏠쏠해요.

4️⃣ 奔跑吧 Bēnpǎo ba 달려라

'런닝맨'의 판권을 정식으로 수입해 제작한 프로그램으로, 절강위성TV(浙江卫视 zhèjiāng wèishì)에서 방영하고 있어요. 화제성 높은 게스트들이 등장해 중국의 여러 지역을 돌아다니며 다양한 게임을 진행하고 레이스를 펼치는데, 지역별로 특색 있는 모습을 보는 재미가 있어요. 중국 예능 프로그램 사상 최고의 시청률을 갱신하고 영화로도 제작되었을 정도로 인기가 하늘을 찌른다고 해요.

한 번 더 정리
1~12과 복습

중국어 발음(성조·운모·성모)

1성·2성·3성·4성

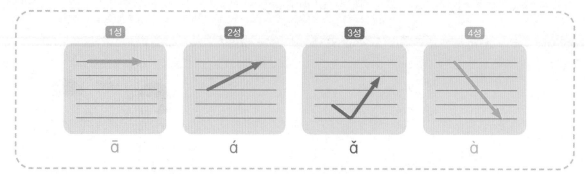

운모

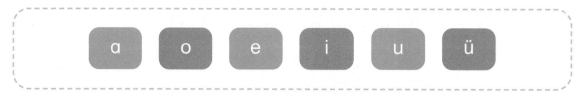

성모

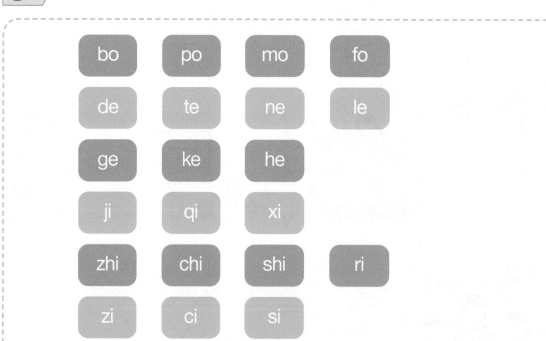

3성의 성조 변화

Běijīng	lǎoshī	dǎkāi
cǎoméi	lǚyóu	Měiguó
ní hǎo	liáo jiě	láoshǔ
biǎomiàn	měilì	gǎnmào
yǐzi	xǐhuan	lǎode

一의 성조 변화

yìbān	yìtiān	yìxīn
yìnián	yìtóng	yìshí
yìqǐ	yìzhǒng	yìběn
yípiàn	yíduì	yíkàn

不의 성조 변화

bùgāo	bùhē	bùchī
bùlái	bùrú	bùshí
bùmǎi	bùhǎo	bùzhǔn
búqù	búkàn	búshì

핵심 문법

형용사 술어문

| 주어 **+** 很 **+** 술어(형용사) | 주어 **+** 不 **+** 술어(형용사) |

Wǒ hěn máng.
我很忙。　나 바빠.

Wǒ bù máng.
我不忙。　나 안 바빠.

부사 也

| 주어 **+** 也 **+** 부사어 **+** 술어(동사/형용사) |

Wǒmen yě hěn è.
我们也很饿。　우리도 배고파.

Wǒmen yě bù máng.
我们也不忙。　우리도 바쁘지 않아.

본문 주요 문장

Nǐ hǎo!
1 你好!　안녕!

Nǐ zuìjìn hǎo ma?
2 你最近好吗?　너 요즘 잘 지내?

Wǒ yě hěn hǎo.
3 我也很好。　나도 잘 지내.

Zàijiàn.
4 再见。　잘 가!

핵심 문법

의문대명사 什么

주어＋술어(동사)＋什么	주어＋술어(동사)＋什么＋목적어

Zhè shì shénme?
这是什么? 이건 뭐야?

Zhè shì shénme shū?
这是什么书? 이건 무슨 책이야?

동사 是

A＋是＋B	A＋不是＋B

Tā shì xuésheng.
他是学生。 그는 학생이야.

Tā bú shì xuésheng.
他不是学生。 그는 학생이 아니야.

본문 주요 문장

Nǐ jiào shénme míngzi?
1 **你叫什么名字?** 너 이름이 뭐야?

Wǒ jiào Piáo Zhìmín.
2 **我叫朴智旻。** 난 박지민이라고 해.

Wǒ shì Hánguórén.
3 **我是韩国人。** 난 한국인이야.

Rènshi nǐ hěn gāoxìng.
4 **认识你很高兴。** 만나서 반가워!

3과

핵심 문법

동사 有

| 주어＋有＋목적어 | 주어＋没有＋목적어 |

Wǒ yǒu shíjiān.
我有时间。　　나 시간 있어.

Wǒ méiyǒu shíjiān.
我没有时间。　나 시간 없어.

비교문 比

| A＋比＋B＋술어(형용사) | A＋比＋B＋술어(형용사)＋수량사 |

Tā bǐ wǒ dà.
她比我大。　　개는 나보다 나이가 많아.

Tā bǐ wǒ dà sì suì.
她比我大四岁。　개는 나보다 네 살 많아.

본문 주요 문장

Nǐ jiā yǒu jǐ kǒu rén?
1 你家有几口人？　너희 가족은 몇 명이야?

Tā bǐ wǒ xiǎo yí suì.
2 他比我小一岁。　개는 나보다 한 살 어려.

Tā shì dàxuéshēng ma?
3 他是大学生吗？　개는 대학생이야?

Nǐ yǒu méiyǒu xiōngdì jiěmèi?
4 你有没有兄弟姐妹？　넌 형제 있어?

핵심 문법

조동사 想

| 주어 + 想 + 술어(동사)+목적어 | 주어 + 不想 + 술어(동사) + 목적어 |

Wǒ xiǎng shuìjiào.
我想睡觉。　　나 자고 싶어.

Wǒ bùxiǎng shuìjiào.
我不想睡觉。　　나 자고 싶지 않아.

가정·가설의 的话

| A + 的话, … | 如果A + 的话, … |

Nǐ bú qù dehuà, wǒ yě bú qù.
你不去的话，我也不去。　　네가 안 가면 나도 안 가.

Jīntiān méiyǒu kòng dehuà, míngtiān qù ba.
今天没有空的话，明天去吧。　　오늘 시간 없으면, 내일 가자.

본문 주요 문장

Jīntiān xīngqī jǐ?
1　今天星期几？　　오늘 무슨 요일이야?

Nǐ de shēngrì shì jǐ yuè jǐ hào?
2　你的生日是几月几号？　　네 생일은 몇 월 며칠이야?

Shì xià zhōu sān ba?
3　是下周三吧？　　다음주 수요일이지?

Nàtiān nǐ xiǎng zuò shénme?
4　那天你想做什么？　　그날 뭐 하고 싶어?

핵심 문법

전치사 跟

A ＋ 跟 ＋ B ＋ 술어(동사) ＋ 목적어   A ＋ 跟 ＋ B ＋ 一起 ＋ 술어(동사) ＋ 목적어

Wǒ gēn péngyoumen yǒu ge yuē.
我跟朋友们有个约。   나 친구들이랑 약속이 있어.

Wǒ gēn tā yìqǐ qù kàn diànyǐng.
我跟他一起去看电影。   나 개랑 같이 영화 보러 가.

연동문

주어 ＋ 술어1(동사) ＋ 목석어1 ＋ 술어2(농사) ＋ 복적어2

주어 ＋ 不/没 ＋ 술어1(동사) ＋ 목적어1 ＋ 술어2(동사) ＋ 목적어2

Tā měitiān qù yùndòng.
他每天去运动。   걔는 매일 운동하러 가.

Wǒ méiyǒu shíjiān kàn diànyǐng.
我没有时间看电影。   나 영화 볼 시간이 없어.

본문 주요 문장

Xiànzài jǐ diǎn?
1. **现在几点?** 지금 몇 시야?

Diànyǐng shénme shíhòu kāishǐ?
2. **电影什么时候开始?** 영화 언제 시작해?

Shí'èr diǎn bàn kāishǐ.
3. **十二点半开始。** 12시 반에 시작해.

Wǒ gēn Yáng Yáng qù kàn Dísīní diànyǐng.
4. **我跟杨洋去看迪斯尼电影。** 나 양양이랑 디즈니 영화 보러 갈 거야.

핵심 문법

다양한 정도부사

매우	대단히	제일	특별히	너무	별로	비교적	조금
很 hěn	非常 fēicháng	最 zuì	特别 tèbié	太…了 tài…le	不太 bú tài	比较 bǐjiào	有点儿 yǒudiǎnr

Wǒ tài lèi le.
我太累了。　　　　　나 너무 지쳤어.

Jīnnián xiàtiān fēicháng rè.
今年夏天非常热。　　올해 여름은 정말 더워.

还是…吧 구문

(주어) + 还是 + A + 吧

Háishi wǒ lái ba.
还是我来吧。　　　　내가 하는 게 낫겠어.

Wǒmen háishi zuò dìtiě ba.
我们还是坐地铁吧。　우리 지하철 타는 게 낫겠어.

본문 주요 문장

Jīntiān tiānqì zěnmeyàng?
1 今天天气怎么样?　　오늘 날씨 어때?

Chūmén yídìng yào dài kǒuzhào.
2 出门一定要戴口罩。　나갈 때 꼭 마스크 써야 해.

Tīngshuō míngtiān yìzhí xiàyǔ.
3 听说明天一直下雨。　내일 계속 비 온대.

Háishi zài jiā kàn Nàifēi ba.
4 还是在家看奈飞吧。　집에서 넷플릭스나 보자.

핵심 문법

동태조사 了

| 주어 + 술어(동사) + 了 + 관형어 + 목적어 | 주어 + 没有 + 술어(동사) + 목적어 |

Tā hēle yì bēi nǎichá.
她喝了一杯奶茶。　　개는 밀크티 한 잔 마셨어.

Tā méi hē niúnǎi.
他没喝牛奶。　　개는 우유 안 마셨어.

又 A 又 B

| 又 + 술어(동사/형용사) + 又 + 술어(동사/형용사) |

Tā yòu gāo yòu shuài.
他又高又帅。　　그는 키도 크고 잘생겼다.

Wàimian yòu guāfēng yòu xiàyǔ.
外面又刮风又下雨。　　밖에 바람도 불고 비도 온다.

본문 주요 문장

1. Wǒ mǎile jǐ jiàn Txù.
我买了几件T恤。　나 티셔츠 몇 벌 샀어.

2. Zhè kǒuhóng tài hǎokàn le!
这口红太好看了!　이 립스틱 정말 예쁘다!

3. Yígòng duōshao qián?
一共多少钱?　모두 얼마예요?

4. Kěyǐ yòng Sānxīng zhīfù ma?
可以用三星支付吗?　삼성페이 가능한가요?

핵심 문법

동사·전치사 在

| 주어 + 在 + 목적어(장소) | 주어 + 在 + 목적어(장소) + 술어(동사) |

Wǒ zài kāfēitīng.
我在咖啡厅。　　나 카페에 있어.

Wǒ zài gōngsī jiābān.
我在公司加班。　　나 회사에서 야근해.

선택의문문 还是

| 주어 + A + 还是 + B |

Nátiě yào rè de háishi bīng de?
拿铁要热的还是冰的?　　라떼는 따뜻한 걸로 드릴까요, 아이스로 드릴까요?

Nǐ hē niúnǎi háishi hē guǒzhī?
你喝牛奶还是喝果汁?　　우유 마실래, 주스 마실래?

본문 주요 문장

Nǐ zài nǎr?
1 你在哪儿?　　너 어디야?

Nǐ néng bāng wǒ diǎn yì bēi kāfēi ma?
2 你能帮我点一杯咖啡吗?　　커피 한 잔 대신 시켜 줄 수 있어?

Nǐ yào hē shénme?
3 你要喝什么?　　너 뭐 마실 거야?

Nǐ yào dà bēi de háishi zhōng bēi de?
4 你要大杯的还是中杯的?　　그란데 사이즈 아니면 톨 사이즈?

핵심 문법

동사 爱

주어 + 爱 + 술어(동사) + 목적어	주어 + 不爱 + 술어(동사) + 목적어

Tā ài chī miànshí.
她爱吃面食。　　개는 밀가루를 즐겨 먹어.

Tā bú ài chī miànshí.
她不爱吃面食。　　개는 밀가루를 즐겨 먹지 않아.

금지의 표현 不要

(주어) + 不要 + 술어(동사/동사구) + 목적어	(주어) + 不要 + 술어(동사/동사구) + 了

Bú yào fán wǒ.
不要烦我。　　나 귀찮게 하지 마.

Nǐ bú yào zài áoyè le.
你不要再熬夜了。　　너 더 이상 밤 새지 마.

본문 주요 문장

Nǐ xiǎng chī shénme?
1 你想吃什么？　너 뭐 먹고 싶어?

Zhè jiā diàn de chǎofàn hěn hǎochī.
2 这家店的炒饭很好吃。　이 집 볶음밥 맛있어.

Hái yào biéde ma?
3 还要别的吗？　더 필요한 거 있으세요?

Wǒ bú ài chī xiāngcài.
4 我不爱吃香菜。　저는 고수를 좋아하지 않아요.

10과

핵심 문법

조동사 会

주어 ＋ 会 ＋ 술어(동사) ＋ 목적어	주어 ＋ 不会 ＋ 술어(동사) ＋ 목적어

Wǒ huì shuō Hànyǔ.
我会说汉语。　　　나 중국어 할 수 있어.

Wǒ huì zuò Zhōngguó cài.
我会做中国菜。　　나 중국요리 할 수 있어.

정도보어 得

주어 ＋ 술어(동사/형용사) ＋ 得 ＋ 보어	주어 ＋ 술어(동사) ＋ 목적어 ＋ 술어(동사) ＋ 得 ＋ 보어

Tā pǎo de tèbié kuài.
他跑得特别快。　　개는 정말 빨리 달려.

Tā shuō Hànyǔ shuō de hěn liúlì.
她说汉语说得很流利。　개는 중국어를 유창하게 해.

본문 주요 문장

Nǐmen píngshí zuò shénme?
① 你们平时做什么？　너희 평소에 뭐 해?

Wǒ xǐhuan dǎ wǎngqiú.
② 我喜欢打网球。　나는 테니스 치는 거 좋아해.

Nǐ huì dǎ wǎngqiú ma?
③ 你会打网球吗？　너 테니스 칠 줄 알아?

Wǒ yìbān dāi zài jiā lǐ tīng gē.
④ 我一般呆在家里听歌。　난 보통 집에서 음악 들어.

11과

핵심 문법

是…的 구문

주어 + (是) + 강조하는 내용 + 的	주어 + 不是 + 강조하는 내용 + 的

Zhìmín shì jiǔwǔ nián chūshēng de.
智旻是九五年出生的。 지민이는 95년생이야.

Wǒ búshì lái kàn nǐ de.
我不是来看你的。 나 너 보러 온 거 아니야.

동태조사 过

주어 + 술어(동사) + 过 + 목적어	주어 + 没 + 술어(동사) + 过 + 목적어

Wǒ jiànguo tā.
我见过她。 나 걔 본 적 있어.

Nǐmen méi láiguo zhèr ba?
你们没来过这儿吧? 너희 여기 와 본 적 없지?

본문 주요 문장

Zhàopiàn shì nǐ pāi de ma?
1. **照片是你拍的吗?** 사진 네가 찍은 거야?

Hǎoxiàng zài INS shàng kànguo.
2. **好像是在INS上看过。** 인스타에서 본 것 같아.

Wǒ zuótiān fāle yì tiáo INS.
3. **我昨天发了一条INS。** 나 어제 인스타 올렸어.

Nǐ dǎsuàn shénme shíhou qù Jìzhōudǎo?
4. **你打算什么时候去济州岛?** 너 언제 제주도 갈 계획인데?

핵심 문법

전치사 离

A + 离 + B + 很 + 近/远   A + 离 + B + 不 + 近/远

Xuéxiào lí wǒ jiā hěn jìn.
学校离我家很近。   학교는 우리집에서 가까워.

Kāfēitīng lí cāntīng bú tài yuǎn.
咖啡厅离餐厅不太远。   카페는 식당에서 별로 멀지 않아.

正在…呢 구문

주어 + 正(在) + 술어(동사) + 목적어 + (呢)

Wǒmen zài chī fàn (ne).
我们在吃饭(呢)。   우리 밥 먹는 중이야.

Wǒ zhèng yào gēn nǐ shuō ne.
我正要跟你说呢。   나 안 그래도 너한테 얘기하려고 했어.

본문 주요 문장

Zánmen dài xiǎogǒu qù Hànjiāng sànsan bù ba.
1. 咱们带小狗去汉江散散步吧。   우리 강아지 데리고 한강에 산책 가자.

Hànjiāng lí wǒ jiā tài yuǎn le.
2. 汉江离我家太远了。   한강은 우리 집에서 너무 멀어.

Yuánlái nǐ duì Zhōngguó diànshìjù gǎn xìngqù!
3. 原来你对中国电视剧感兴趣！   너 중드에 관심 있었구나!

Yīnggāi duō chūqù zǒuzou.
4. 应该多出去走走。   자주 나가서 돌아다녀야 해.

쓰기 노트

☆ **1~12과 간체자 쓰기**

也
yě
~도, 또한

谢
xiè
감사(하다)

不
bù
~이 아니다

再
zài
다시

见
jiàn
만나다, 보다

你
nǐ
너, 당신

好
hǎo
좋다, 안녕하다

吗
ma
의문을 표시함

我
wǒ
나, 저

很
hěn
매우, 아주

不客气 bú kèqi 천만에, 별말씀을요

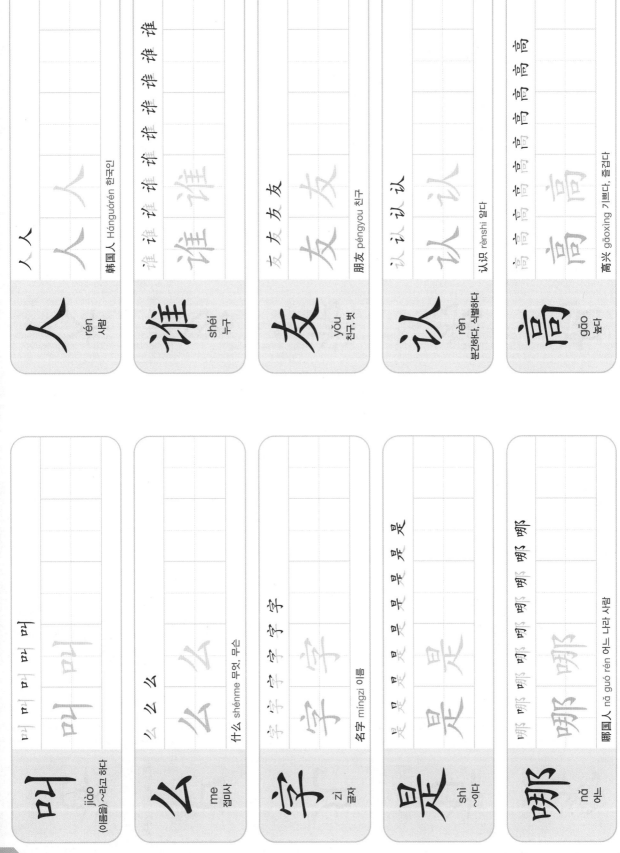

人 rén 사람 — 人 人 — 韩国人 Hánguórén 한국인

谁 shéi 누구 — 谁 谁 谁 谁 谁 谁 — 韩国人 Hánguórén 한국인

友 yǒu 친구, 벗 — 友 友 友 友 — 朋友 péngyou 친구

认 rèn 분간하다, 식별하다 — 认 认 认 认 — 认识 rènshi 알다

高 gāo 높다 — 高 高 高 高 高 高 高 高 高 — 高兴 gāoxìng 기쁘다, 즐겁다

叫 jiào (이름을)~라고 하다 — 叫 叫 叫 叫

么 me 접미사 — 么 么 么 — 什么 shénme 무엇, 무슨

字 zì 글자 — 字 字 字 字 字 — 名字 míngzi 이름

是 shì ~이다 — 是 是 是 是 是 是 是 — 名字 míngzi 이름

哪 nǎ 어느 — 哪 哪 哪 哪 哪 哪 哪 — 哪国人 nǎ guó rén 어느 나라 사람

妈
mā
엄마

妈 妈 妈 妈 妈
妈妈 māma 엄마

弟
dì
동생, 아우

弟 弟 弟 弟 弟
弟弟 dìdi 남동생

和
hé
~와, ~과

和 和 和 和 和
和

多
duō
(수량이) 많다, 얼마나

多 多 多 多 多
多大 duō dà (나이가) 얼마인가

大
dà
(나이가) 많다, 크다

大 大 大
大学生 dàxuéshēng 대학생

家
jiā
집, 가정, 집안

家 家 家 家 家 家 家 家 家 家

有
yǒu
있다, 가지고 있다

有 有 有 有 有
没有 méiyǒu 없다

几
jǐ
몇

几 几
几

口
kǒu
입,
식구(사람을 세는 양사)

口 口 口
四口人 sì kǒu rén 네 식구

爸
bà
아빠

爸 爸 爸 爸 爸 爸 爸
爸爸 bàba 아빠

天
tiān
하루, 날

天 天 天 天

天 天

今天 jīntiān 오늘

星
xīng
별

星 星 星 星 星 星 星 星 星

星 星

星期 xīngqī 요일, 주

的
de
~의

的 的 的 的 的 的 的 的

的 的

生
shēng
낳다, 태어나다

生 生 生 生 生

生

生日 shēngrì 생일

月
yuè
월, 달

月 月 月 月

月 月

了
le
완료됨을 나타냄

了 了

了 了

比
bǐ
~보다

比 比 比 比

比 比

小
xiǎo
작다, (나이가) 적다

小 小 小

小 小

岁
suì
세, 살
(나이를 세는 양사)

岁 岁 岁 岁 岁 岁

岁 岁

独
dú
홀로, 한 사람

独 独 独 独 独 独 独 独 独

独 独

独生女 dúshēngnǚ 외동딸

空
kòng
틈, 짬, 겨를

空 空 空 空 空

空

话
huà
말

话 话 话 话 话

话

的话 dehuà ~하다면

跟
gēn
~와, ~따

跟 跟 跟 跟 跟 跟 跟

跟 跟

起
qǐ
일어서다, 무리, 떼

起 起 起 起 起

起 起

一起 yìqǐ 같이, 함께

玩
wán
놀다

玩 玩 玩 玩 玩

玩 玩

号
hào
일(日), 날짜

号 号 号 号

号 号

周
zhōu
주, 요일

周 周 周 周 周 周

周 周

下周 xiàzhōu 다음주

那
nà
그, 그것

那 那 那 那 那

那 那

那天 nàtiān 그날

想
xiǎng
생각하다, ~하고 싶다

想 想 想 想 想 想 想

想 想

做
zuò
하다

做 做 做 做 做 做 做

做 做

午 wǔ 정오, 오시

午午午午午

下午 xiàwǔ 오후

约 yuē 약속(하다)

约约约约约

约

现 xiàn 지금, 현재

现现现现现现现现

现在 xiànzài 지금, 현재

点 diǎn 시(時), 주문하다

点点点点点点点点

点

去 qù 가다

去去去去去

去

过去 guòqù (지나)가다

分 fēn 분

分分分分

分

看 kàn 보다

看看看看看看看看看看

看

时 shí 시, 때, 시기, 시간

时时时时时时时

时候 shíhou 때, 시각

来 lái 오다

来来来来来来来

来

开 kāi 열다

开开开开

开

开始 kāishǐ 시작하다, 시작되다

戴
dài
쓰다, 착용하다

戴 戴 戴 戴 戴 戴 戴 戴 戴 戴 戴 戴 戴

戴

听
tīng
듣다

听 听 听 听 听

听

听说 tīngshuō 듣자 하니 바로는 ~이라 한다

雨
yǔ
비

雨 雨 雨 雨 雨 雨

雨

下雨 xiàyǔ 비가 오다

这
zhè
이, 이것

这 这 这 这 这 这

这

这几天 zhè jǐ tiān 요즘, 요 며칠

在
zài
~에서, ~에 있다

在 在 在 在 在

在

气
qì
기후, 자연계의 현상

气 气 气 气

气

天气 tiānqì 날씨

怎
zěn
어째서, 어떻게

怎 怎 怎 怎 怎 怎 怎 怎 怎

怎

怎么样 zěnmeyàng 어때, 어떤가요

重
zhòng
무겁다, (정도가) 심하다

重 重 重 重 重 重 重 重 重

重

严重 yánzhòng 심각하다

出
chū
나가다

出 出 出 出 出

出

出门 chūmén 외출하다

要
yào
원하다, ~해야 한다

要 要 要 要 要 要 要 要 要

要

太 tài
아주, 너무

太 太 太 太
太 太

色 sè
색, 안색

色 色 色 色 色 色
色 色

颜色 yánsè 색, 색깔

但 dàn
그러나, 그렇지만

但 但 但 但 但 但
但 但

但 但

觉 jué
감각, 느끼다

觉 觉 觉 觉 觉 觉 觉
觉 觉

觉 觉

觉得 juéde ~라고 생각하다

适 shì
알맞다, 적합하다

适 适 适 适 适 适 适
适 适

适 适

适合 shìhé 알맞다, 적합하다

买 mǎi
사다

买 买 买 买 买
买 买

件 jiàn
벌(옷을 세는 양사)

件 件 件 件 件
件 件

件 件

错 cuò
틀리다, 맞지 않다

错 错 错 错 错 错 错
错 错

错 错

不错 búcuò 좋다, 괜찮다

网 wǎng
그물, 네트워크

网 网 网 网 网
网 网

网购 wǎnggòu 인터넷 쇼핑을 하다

便 pián
편하다, 편리하다

便 便 便 便 便 便
便 便

便 便

便宜 piányi 싸다, 저렴하다

近
jin
가깝다

近 近 近 近 近

近

附近 fùjìn 근처, 부근

能
néng
~할 수 있다

能 能 能 能 能

能

帮
bāng
돕다

帮 帮 帮 帮 帮

帮

杯
bēi
잔

杯 杯 杯 杯 杯

杯

喝
hē
마시다

喝 喝 喝 喝 喝

喝

都
dōu
다, 모두

都 都 都 都 都

都

少
shǎo
적다

少 少 少

少

多少 duōshao 몇, 얼마

钱
qián
돈

钱 钱 钱 钱 钱

钱

可
kě
허가 또는
가능을 나타냄

可 可 可 可

可

可以 kěyǐ ~할 수 있다

用
yòng
쓰다, 사용하다

用 用 用 用

用

请
qǐng
부탁하다, 요청하다

请 请 请 请 请 请 请 请 请 请 请

请

请客 qǐngkè 한턱내다

米
mǐ
쌀

米 米 米 米

米

饭
fàn
밥, 식사

饭 饭 饭 饭 饭 饭 饭

饭

米饭 mǐfàn 쌀밥

店
diàn
상점, 가게

店 广 广 广 店 店 店 店

店

吃
chī
먹다

吃 吃 吃 吃 吃 吃

吃

好吃 hǎochī 맛있다

冰
bīng
차갑다, 시리다

冰 冰 冰 冰

冰

热
rè
뜨겁다, 덥다

热 热 热 热 热 热 热

热

加
jiā
넣다, 첨가하다

加 加 加 加

加

带
dài
가지다, 지니다

带 带 带 带 带 带 带

带

走
zǒu
가다

走 走 走 走 走 走

走

别	别 别 别 别 别
别 bié 다른, 별도의	别 别
	别的 biéde 다른 것

| 爱 | 爱 爱 爱 爱 爱 |
| 爱 ài 사랑하다, ~을 즐겨하다 | 爱 爱 |

香	香 香 香 香 香
香 xiāng 향, 향기롭다	香 香
	香菜 xiāngcài 고수

| 放 | 放 放 放 放 放 |
| 放 fàng 넣다, 타다 | 放 放 |

| 等 | 等 等 等 等 等 |
| 等 děng 기다리다 | 等 等 |

员	员 员 员 员 员
员 yuán 어떤 분야에 종사하는 사람	员 员
	服务员 fúwùyuán 종업원

菜	菜 菜 菜 菜 菜 菜 菜
菜 cài 요리	菜 菜
	点菜 diǎn cài 음식을 주문하다

饮	饮 饮 饮 饮 饮
饮 yǐn 마시다, 마실 것	饮 饮
	饮料 yǐnliào 음료

| 瓶 | 瓶 瓶 瓶 瓶 瓶 瓶 |
| 瓶 píng 병 | 瓶 瓶 |

乐	乐 乐 乐 乐 乐
乐 lè 즐겁다	乐 乐
	可乐 kělè 콜라

得 de
동사와 보어의 가운데 쓰여 정도를 나타냄

趣 qù
취미, 재미

兴趣 xingqù 흥미, 취미

里 lǐ
안, 속

歌 gē
노래

音 yīn
음, 소리

音乐 yīnyuè 음악

喜 xǐ
기쁘다, 즐겁다

喜欢 xǐhuan 좋아하다

打 dǎ
치다, 때리다, 하다

球 qiú
공, 구기 운동

网球 wǎngqiú 테니스

会 huì
할 줄 알다

学 xué
배우다

美 měi — 예쁘다, 아름답다

美 美 美 美 美 美 美 美

过 guo — 지나다, 과거의 경험을 나타냄

过 过 过 过 过

发 fā — 보내다, 엎드리하다

发 发 发 发 发

算 suàn — 계획하다, 계산하다

算 算 算 算 算 算 算 算 算

打算 dǎsuàn ~할 계획이다, ~하려고 하다

给 gěi — 주다, ~에게

给 给 给 给 给 给 给 给

聊 liáo — 한담하다, 잡담하다

聊 聊 聊 聊 聊 聊 聊 聊

照 zhào — 사진 / (사진·영화를)찍다, 촬영하다

照 照 照 照 照 照 照

照片 zhàopiàn 사진

拍 pāi — 사진을 찍다, 촬영하다

拍 拍 拍 拍 拍

对 duì — 맞다, 옳다

对 对 对 对

景 jǐng — 경치, 풍경

景 景 景 景 景 景 景

景色 jǐngsè 경치, 풍경

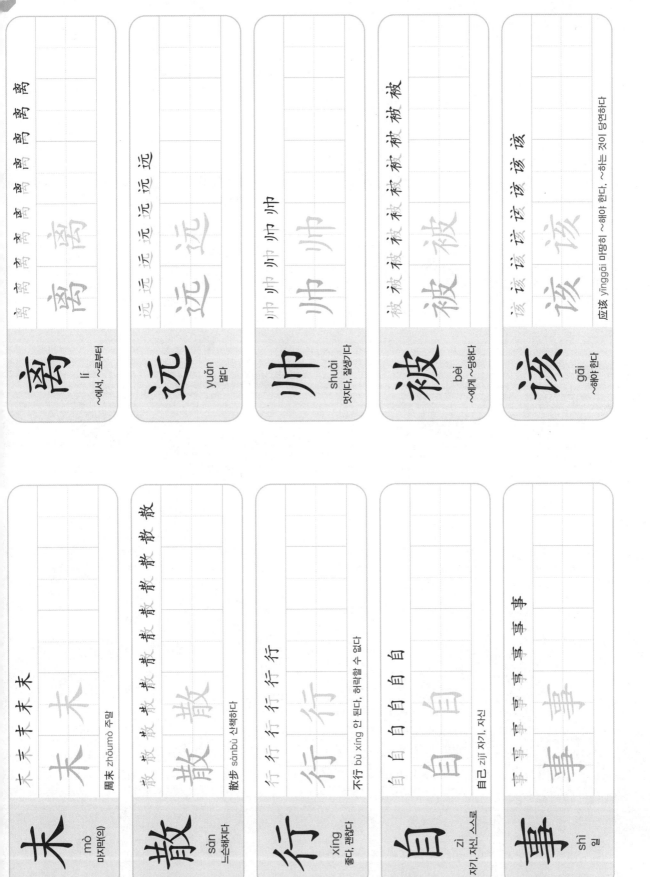

离 lí
~에서, ~로부터
离离离离离离离离

远 yuǎn
멀다
远远远远远

帅 shuǎi
멋지다, 잘생기다
帅帅帅帅帅

被 bèi
~에게 ~당하다
被被被被被被被被被被

该 gāi
~해야 한다
该该该该该该该该该
应该 yīnggāi 마땅히 ~해야 한다, ~하는 것이 당연하다

末 mò
마지막(의)
末末末末末末
周末 zhōumò 주말

散 sàn
느슨해지다
散散散散散散散散散散
散步 sànbù 산책하다

行 xíng
좋다, 괜찮다
行行行行行行
不行 bù xíng 안 된다, 허락할 수 없다

自 zì
자기, 자신, 스스로
自自自自自自
自己 zìjǐ 자기, 자신

事 shì
일
事事事事事事事事

쓰기 노트

HSK 3급 맛보기

☆ **한어수평고시(HSK)란?**
☆ **듣기**
☆ **독해**
☆ **쓰기**

01 한어수평고시(HSK)란?

● HSK는 한어수평고시(汉语水平考试)의 병음인 'Hànyǔ Shuǐpíng Kǎoshì'의 머리글자를 따서 붙인 명칭으로, 중국 국내 및 해외에서 중국어를 모국어로 사용하지 않는 사람들의 중국어 능력을 평가하는 시험이에요.

● 중국 교육부 직속 기관인 중국국가한판(中国国家汉办)에서 주관하고 있는 HSK는 현재 112개 국가에서 시행되고 있는 만큼 가장 보편적이고 공신력 있는 시험이라고 볼 수 있어요.

● HSK는 중국어 듣기·독해·쓰기 능력을 평가하는 시험으로, 가장 낮은 레벨인 1급부터 가장 높은 레벨인 6급까지 총 여섯 개의 급수로 나뉘어져 있어요. 지금부터 테스트하려는 3급이 어느 수준에 해당하는지 궁금하신 분은 아래 내용을 참고하세요.

> **HSK 3급** 일상생활뿐만 아니라 학습, 업무 등 각 분야에서 기본적인 의사소통이 가능하며, 중국을 여행할 때 겪게 되는 대부분의 상황에서 중국어로 대응할 수 있는 수준

● 시험 형식은 지필 시험(PBT)과 컴퓨터 시험(IBT)으로 나뉘는데, 두 시험은 형식만 다를 뿐 내용과 시험 효력은 동일하기 때문에 응시자가 원하는 방식을 선택해 응시하면 돼요.

● 각 영역별 점수는 100점 만점, 총점은 300점 만점이에요. 듣기·독해·쓰기 세 영역의 점수를 합해 180점 이상을 획득하면 자격증을 얻을 수 있고, 성적은 시험일로부터 2년간 유효해요.

● 현재 한국에서는 HSK한국사무국을 비롯해 다양한 기관에서 HSK를 접수할 수 있으며, 시험은 한 달에 한 번 시행되고 있어요. 더 자세한 내용은 HSK한국사무국 홈페이지(https://new.hsk.or.kr/)에서 확인할 수 있어요.

国家汉办/孔子学院总部
Hanban/Confucius Institute Headquarters

新 汉 语 水 平 考 试
Chinese Proficiency Test

HSK （三级） 成绩报告
HSK (Level 3) Examination Score Report

姓名 （Name） : _____

性别 （Gender） : _____ 国籍 （Nationality） : _____

考试时间 （Examination Date） : _____ 年 （Year） ____ 月 （Month） ____ 日 （Day）

编号 （No.） : _____

	满分 （Full Score）	你的分数 （Your Score）
听力 （Listening）	100	
阅读 （Reading）	100	
书写 （Writing）	100	
总分 （Total Score）	300	

总分180分为合格 （Passing Score：180）

主任
Director _____

国家汉办
Hanban
HANBAN

中国 • 北京
Beijing • China

03 듣기 -제1부분

유형 설명

대화를 듣고 알맞은 그림 고르기

두 사람이 대화를 듣고 대화의 내용과 관련된 그림을 선택하는 문제예요. 듣기 다른 영역에 비해 상대적으로 쉽고 그림과 관련된 핵심 단어가 반드시 나오므로 어렵지 않게 답을 고를 수 있어요.

第1-5题

A

B

C

D

E

F

例如:　女：你喜欢什么运动?

　　　　男：我喜欢踢足球。　　　　　　　　C

1.

2.

3.

4.

5.

유형 설명

단문을 듣고 지문의 옳고 그름 판단하기

단문을 듣고 제시된 지문과 일치하는지 여부를 판단하는 문제예요. 어떤 동작이나 상황을 설명하거나 또는 이야기 등의 지문이 나오는 문제로 듣기 영역 중 난이도가 높은 부분이라고 볼 수 있어요. 먼저 지문을 읽고 핵심 단어를 체크해 가며 문제를 푸는 것이 좋아요.

第6-10题

> 例如：你看，站在我左边的是我以前的同学，右边的是我的同事。
>
> ★他已经工作了。 (✓)
>
> 为了准备考试，他最近每天都去图书馆学习三个小时。
>
> ★他希望自己能有好成绩。 (✗)

6. ★说话人的公司离得很近。 ( )

7. ★说话人很喜欢下雪天。 ( )

8. ★现在他比他哥哥高了。 ( )

9. ★他在卖连衣裙。 ( )

10. ★周末说话人要去医院。 ( )

유형 설명

짧은 대화문을 듣고 질문에 답하기

두 사람의 짧은 대화문을 듣고 질문에 대한 답을 고르는 문제예요. 먼저 보기를 살펴보고 대화를 들으며 관련된 단어가 있는지 체크하고 문제를 푸는 것이 좋아요.

第11-15题

例如： 女：小王，这里有几个杯子，哪个是你的？

男：左边那个红色的是我的。

问：小王的杯子是什么颜色的？

A 红色 ✓ B 黑色 C 绿色

11. A 3点 B 2点15分 C 2点45分

12. A 夫妻 B 同学 C 同事

13. A 走路 B 开车 C 坐地铁

14. A 玩游戏 B 休息 C 打网球

15. A 医院 B 超市 C 商店

유형 설명

긴 대화문을 듣고 질문에 답하기

듣기 제3부분과 같은 유형으로, 비교적 긴 대화문을 듣고 질문에 따라 알맞은 답을 고르는 문제예요. 역시나 먼저 보기를 살펴보고 핵심 의미를 파악하여 문제를 푸는 것이 효과적이에요.

第16-20题

> 例如： 女：智旻，这是你新买的帽子吗？
>
> 男：是啊，可是才戴三天就坏了。
>
> 女：哎呀，早就告诉过你，不要买便宜的东西。
>
> 男：下次一定不买了。
>
> 问：男的帽子怎么样？
>
> A 很便宜 ✓　　　　B 质量好　　　　C 被拿走了

16. A 很帅　　　　B 不太高　　　　C 很会踢足球

17. A 感冒了　　　　B 找人　　　　C 有急事

18. A 通宵看剧　　　　B 打游戏了　　　　C 打电话了

19. A 以前去过巴西　　　　B 不喜欢喝咖啡　　　　C 不想买

20. A 价格贵　　　　B 颜色不好　　　　C 质量不好

유형 설명

지문을 읽고 관련된 보기 고르기

지문을 읽고 A~F 중에서 지문과 상응하는 문장을 고르는 문제예요. 먼저 지문과 보기의 대략적인 내용을 파악하고 의미상 자연스럽게 연결되는 문장을 고르면 돼요.

第21-25题

> A 包里没有吗? 慢慢找吧。
>
> B 你打算什么时候去?
>
> C 你是怎么来的?
>
> D 你一定要看那部电影, 很感动。
>
> E 你会说汉语吗?
>
> F 这件衣服怎么样?
>
> 例如: 我打算下周一去。 (B)

21. 当然, 我汉语学了半个月了。 (　　)

22. 比较适合你。 (　　)

23. 我是坐飞机来的。 (　　)

24. 姐, 你看见我的圆珠笔了吗? (　　)

25. 你怎么在哭呢? (　　)

유형 설명

빈칸에 들어갈 알맞은 단어 고르기

단문 혹은 대화문으로 이루어진 지문을 보고 각 빈칸에 알맞은 단어를 골라 넣는 문제예요. 먼저 보기 속 단어의 뜻과 품사를 체크하고 제시문의 내용을 파악하여 빈칸에 들어갈 단어를 유추해 A~F 중에서 정답을 고르면 돼요.

第26-30题

A 件	B 给	C 附近	D 打算	E 踢	F 爱好

例如：请把你的手机（ B ）我看一下。

26. 他足球（　　　）得真棒。

27. 快到春天了，我要去买几（　　　）衣服。

28. 我（　　　）下个月去上海。

29. A： 你有什么（　　　）？

    B： 我最喜欢下围棋和弹钢琴。

30. A： 补习班在哪儿？

    B： 很近，就在超市（　　　），走十分钟就能到。

유형 설명

지문을 읽고 질문에 답하기

지문을 읽고 질문에 맞는 답을 고르는 문제예요. 일상생활·문화·상식 등 다양한 분야의 문제가 출제되는데, 먼저 ★표 질문과 보기 속 핵심 단어를 파악하고 지문을 읽는 것이 효과적이에요.

第31-35题

> 例如: 苹果三块四一斤，我要三斤，那么给你十块二，对吧？
>
> ★买东西的人花了多少钱？
>
> A 十一块二   B 七块八   C 十块二 ✓

31. 智旻非常努力，昨晚我给他打电话，他正在读书。我让他周末一起去汉江散散步，他也不愿意去。

　　★智旻是什么样的人？

　　A 睡觉很晚   B 不喜欢散步   C 努力学习

32. 昨天去上班的时候，突然下大雨了。我在车站等车等了半个多小时，就迟到了。

　　★根据这句话，可以知道：

　　A 他不喜欢下雨   B 迟到了   C 路上没有人

33. 我喜欢喝咖啡，但不太习惯喝茶。跟我不一样，我姐姐喜欢喝茶，而且她更喜欢喝冰啤酒。

　　★根据这句话，可以知道：

　　A 我喜欢喝茶   B 我不爱喝咖啡   C 姐姐最爱喝啤酒

34. 你要去百货商店吗？一直往前走，到丁字路口往左拐，在右边有个超市，超市的对面就是。

★百货商店在哪儿？

A 丁字路口 　　　　 B 超市的对面 　　　　 C 路的右边

35. 今天他回国了。他坐的航班起飞时间是上午十点，降落时间是下午十二点，我终于在韩国可以见到他了。

★飞机飞了几个小时？

A 两个小时 　　　　 B 十四个小时 　　　　 C 三个小时

유형 설명

주어진 어휘를 배열해 문장 만들기

제시된 단어나 구를 파악해 알맞게 배열하는 문제예요. 쓰기 제1부분은 기본적인 어순을 파악하지 못하면 어려울 수 있기 때문에 기본적인 단어 외에도 어법을 이해하고 어순을 익혀 놓는 것이 좋아요.

第36-40题

例如： 来　吃　我家　她　饭

　　　<u>她来我家吃饭。</u>

36.　对　　中国历史　　感　我　　兴趣

37.　特别　　开车　　她　　得　　慢　　开

38.　三件　　T恤衫　　我　　了　　基础款　　买

39.　旁边　　我家　　超市　　有　　一个

40.　有事　　不用　　就　　你　　的话　　来

유형 설명

빈칸에 알맞은 단어 쓰기

지문을 읽고 빈칸에 알맞은 단어를 쓰는 문제예요. 지문의 의미를 파악하고 빈칸에 들어갈 단어가 앞, 뒤 단어와 의미가 통하는지 확인한 뒤 한어병음에 맞는 한자를 써야 해요. 평소 단어를 외울 때 쓰기 노트 등을 활용해 주요 간체자를 익혀 놓으면 쉽게 풀 수 있어요.

第41-45题

>   tài
> 例如：今天天气（ 太 ）热了。

                         bàn

41.   爸爸每天早上七点（   ）起床。

                   gēn

42.   我想（   ）你一起玩儿。

                     fàng

43.   请不要（   ）香菜。

                       gèng

44.   我觉得红色（   ）适合您。

                   hái

45.   在这儿喝（   ）是带走？

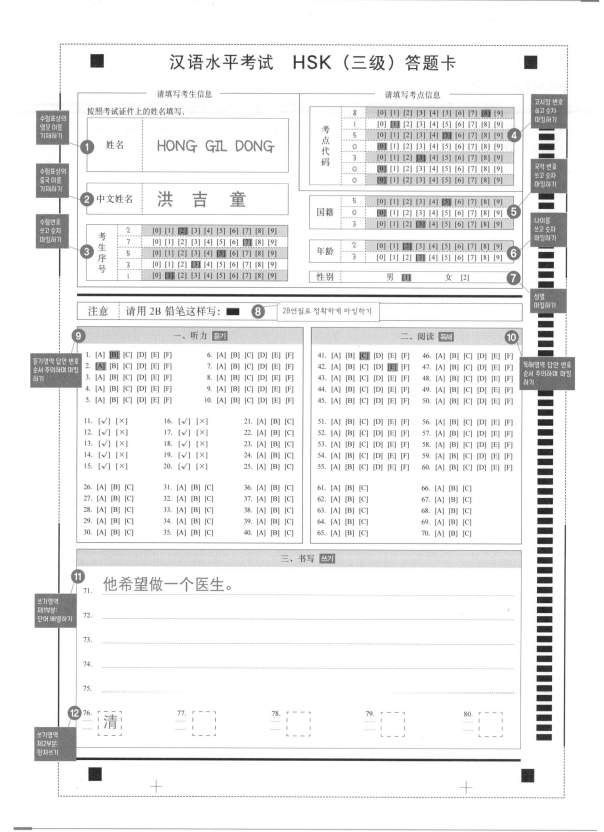

HSK 모의고사 정답

듣기 제1부분

1. B　　　　2. A　　　　3. F　　　　4. E　　　　5. D

듣기 제2부분

6. ✓　　　　7. ✗　　　　8. ✗　　　　9. ✗　　　　10. ✓

듣기 제3부분

11. C　　　12. B　　　13. A　　　14. B　　　15. C

듣기 제4부분

16. C　　　17. A　　　18. A　　　19. A　　　20. B

독해 제1부분

21. E　　　22. F　　　23. C　　　24. A　　　25. D

독해 제2부분

26. E　　　27. A　　　28. D　　　29. F　　　30. C

독해 제3부분

31. C　　　32. B　　　33. C　　　34. B　　　35. A

쓰기 제1부분

36. 我对中国历史感兴趣。

37. 她开车开得特别慢。

38. 我买了三件基础款T恤衫。

39. 我家旁边有一个超市。

40. 你有事的话，就不用来。

쓰기 제2부분

41. 半

42. 跟

43. 放

44. 更

45. 还

HSK 3급 맛보기